Sentinelle du climat

De la même autrice

Demain, c'est nous. Plaidoyer pour l'éducation au changement climatique, avec François Bernard, Préface de Cyril Dion, Éditions du Faubourg, 2023.

HEÏDI SEVESTRE

Avec la collaboration

d'ISABELLE MARRIER

Sentinelle du climat

Harper
Collins

HARPERCOLLINS FRANCE
83-85, boulevard Vincent-Auriol, 75646 PARIS CEDEX 13
Tél. : 01 42 16 63 63

www.harpercollins.fr

ISBN 979-1-0339-1414-3

Prologue

Je suis née en 1988, au cœur des Alpes. Des montagnes qui ont fait mon horizon, j'ai appris le nom, ainsi que celui des plantes et des animaux qui les peuplaient. J'ai regardé couler la rivière, on m'a enseigné d'où elle venait et où elle se jetait. J'ai appris le cycle des saisons, le nom des points cardinaux, des étoiles, des vents, des roches. J'ai appris tout cela, et c'est pour toujours.

À l'école, j'ai appris à situer mon village en France, et la France en Europe, et l'Europe sur le globe terrestre. J'ai vu les photos que des astronautes avaient prises de la Terre – une orange bleue – trente ans avant ma naissance. Et j'ai appris que cette planète faisait partie du système solaire, d'une galaxie, d'ensembles de plus en plus immenses, de l'Univers.

Et j'écrivais sur mon cahier, mon nom, celui de mon village, de mon pays, de la Terre, de la Voie lactée, autant de coordonnées qui me donnaient une place dans le monde.

Puis, l'on m'a enseigné une autre dimension, une autre coordonnée : le Temps.

J'ai appris que l'Univers n'avait pas toujours existé, qu'il datait de quelque 13 milliards d'années, que la Terre s'était formée il y a 4,5 milliards d'années. Que le temps de la vie était de 3,7 milliards d'années, que la lignée humaine remontait à 4,7 millions d'années, qu'*Homo sapiens* était apparu il y a 300 000 ans et que ce temps écrase la durée du temps historique, celui qui commence avec l'apparition de l'écriture, il y a 3 500 ans. Et qu'une vie humaine n'excède que rarement un siècle. Je suis allée au collège. J'ai appris le nom des ères géologiques, j'ai appris que mes montagnes n'avaient pas toujours été telles que je les voyais, ni les rivières, ni même les continents, qu'il y avait eu des milliards d'espèces d'êtres vivants, bactéries, plantes, animaux qui avaient existé et disparu. J'ai appris que, dans les dernières périodes, du Pléistocène*[1] et de l'Holocène*, des périodes glaciaires avaient succédé à des périodes de réchauffement, et que les paysages, la faune et la flore, en ont été constamment modifiés.

Mais j'ai appris aussi que, l'Humanité avait toujours connu des glaciers plus ou moins étendus. Ces glaces ont permis au climat de se stabiliser et à notre civilisation de se développer. Depuis toujours, l'Homme était lié à la Glace. J'ai grandi et continué à apprendre et à observer. Je suis allée aussi loin que les études académiques et la recherche le permettent dans le domaine qui me passionnait : la glaciologie. Et là, j'ai appris que les glaciers diminuaient, se rétrécissaient, que la Terre se réchauffait, et j'ai compris quels étaient les mécanismes derrière ces phénomènes.

Enfin, j'ai compris l'impensable : que le climat de toute la Terre changeait sous mes yeux, non pas, comme cela avait toujours été, en un temps long, très long, un temps géologique,

1. Les mots suivis d'un astérisque sont définis dans le lexique en fin d'ouvrage, p. 177.

éventuellement historique, mais dans un temps biologique : celui de la vie d'un homme – moins d'un siècle.

Pire, celui d'une génération, vingt-cinq ans.

Pour la première fois dans l'Histoire le temps long de la Nature entre en collision avec notre temps, celui de notre vie biologique. La mienne, la vôtre, celle de chacun de ceux qui respirent, marchent, aiment sur cette Terre. Cet inimaginable bouleversement se produit aujourd'hui, dans ce présent où j'écris ces lignes et celui où vous les lisez.

Le parcours de ma vie se confond avec cette prise de conscience.

À trente-quatre ans, j'ai décidé de le raconter parce que tous les jours, au Spitzberg, je vois fondre les glaciers, je les vois s'approcher du point de rupture, de l'effondrement irréversible. Alors que vous, dont ce n'est pas le métier, qui n'habitez pas au-delà du cercle polaire, vous ne les voyez pas, et qu'il vous est donc difficile de comprendre en quoi cela VOUS concerne.

Comme vous, je suis un être humain qui a mis du temps pour accepter les conséquences de ce qui se passe, pour l'accepter, non pas seulement rationnellement, mais dans ma chair, dans mon cœur. Car, j'ai beau habiter à 1 000 kilomètres du pôle, vivre une vie qui n'est pas la vôtre, mon parcours est aussi le vôtre.

Comme vous, depuis des années, je ne pouvais ignorer que le climat changeait, et que cela ne pouvait rester sans conséquence – déjà certaines étaient sensibles. Comme vous, cette réalité, je l'ai relativisée, mise à distance – c'était ailleurs, pour plus tard.

Comme vous, j'ai fini par comprendre que ce changement était causé par l'activité humaine, par les masses et par les individus.

Peu à peu, j'ai compris que mon objet d'études disparaissait sous mes yeux à une vitesse imprévisible. Je suis une scientifique et j'ai mesuré, analysé, calculé, consacré toutes mes forces à observer la fonte de la glace à travers les continents.

Mais je suis aussi un être humain, et une tristesse poignante m'étreint devant l'anéantissement de la beauté des glaciers. L'exercice de la science m'interdit de détourner le regard. Le goût de la vie aussi.

L'altération et la disparition programmée des glaciers me sont une espèce de deuil. Cette perte s'accompagne d'autres deuils, le deuil de la stabilité de la planète et de l'atmosphère ; le deuil d'une météo prévisible et de l'assurance tranquille du retour des saisons, d'un avenir qui ressemblerait à ce que nos parents, ou nous-mêmes jusqu'à aujourd'hui, avons connu. Et le deuil de notre innocence face à ces événements.

Aujourd'hui, je ne peux plus faire de projet sans tenir compte du réchauffement climatique.

Comme vous.

Nous, êtres humains de la troisième décennie du XXIe siècle, nous sommes semblables à quelqu'un qui se réveille, sent une odeur de brûlé, puis se rendort en se disant qu'au matin il aura bien le temps d'aller voir ce qui se passe. Parce qu'il entendrait des cris s'il y avait *vraiment* le feu. Semblables à celui qui aperçoit les lueurs d'un incendie sous sa porte et ne bouge pas, parce qu'il y a un gardien dans l'immeuble dont c'est le job d'appeler les pompiers. Quelqu'un qui ferme les yeux et pense que pour le moment tout va bien.

Quelqu'un qui refuse le réel. Se réveiller, se mettre debout est une acceptation, c'est-à-dire *l'intégration de la réalité dans la conscience*. L'acceptation délivre du chagrin et libère l'énergie pour sauver ce qui peut l'être.

Je vous raconte ce que j'ai vu, pour qu'avec moi vous regardiez en face ce que nous sommes en train perdre et ce qui nous attend, ce qui est déjà à l'œuvre.

Il ne s'agit pas de semer la peur, de culpabiliser, d'accuser ou de désespérer. Mais de vous convaincre de passer à l'action, dans votre aire d'influence, dans l'espace de votre quotidien, aussi vaste ou aussi étroit semble-t-il.

Parce que tout est lié, rien n'est indifférent.

Car, j'en ai l'espoir et la conviction, nous sauverons les glaciers, et nous-mêmes.

1

Découvertes

Longtemps, je me suis réveillée tôt.

Derrière la fenêtre, le jour pâlissait à peine. Je me glissais hors du lit, et mon cœur battait si fort qu'il me paraissait incroyable que personne ne l'entende dans la maison. Mes vêtements étaient préparés, nul besoin d'allumer pour les enfiler. Je me dépêchais, je ne voulais pas perdre une minute de cette heure de grâce, avant le petit déjeuner, l'école, ma vie de petite fille.

Je sortais de la chambre sans un regard pour mon cartable entrouvert, les étagères de livres, où les couvertures bleu roi de l'édition ancienne des *Heidi* de Johanna Spyri accrochaient chaque parcelle de lumière à ma seule intention.

La porte d'entrée ne grinçait pas. Au-dehors, le froid densifié de la fin de la nuit m'accueillait en un maternel silence. Je me mettais à courir, traversais le jardin, le pré, puis m'arrêtais, à bout de souffle. Les premiers sapins et châtaigniers de la forêt me faisaient signe. J'avais rendez-vous : j'attendais et j'étais attendue. Un cerf, une biche, un chevreuil, un lièvre même, la dernière hulotte avant le grand jour, que sais-je, ce que l'aube, maintenant plus franche, m'offrirait à voir.

Je marchais à pas de loup. L'odeur de brume ou de résine, celle des feuilles sous mes pas, m'emplissaient le cœur d'une joie émerveillée. Je percevais chaque craquement ; chaque déplacement de lumière m'était sensible. J'observais de tout mon corps. Qu'importe que l'aurore soit baignée de soleil ou de pluie ou emmitouflée de brume, la vue d'un passereau, le frôlement d'un chevreuil, le trottinement d'un hérisson, gonflaient un rire de jubilation dans ma gorge. Et quand il était grand temps de s'en retourner, vers la maison, l'école, la rue du village, les jeux, les rires, j'emportais avec moi le secret de ce tête-à-tête silencieux avec l'animal, l'arbre, l'air.

Et puis, il y avait l'hiver, la neige, l'alphabet des traces déchiffré comme une écriture familière sur une feuille blanche, le froid dans lequel je me glissais et qui m'acceptait, le goût des flocons sur la langue, le chuintement des pas si différents suivant l'état de la neige, les jours de grand gel, la nuit très noire et très claire, les étoiles comme d'autres cristaux. L'excitation de la glisse, l'enthousiasme des séances de luge, le vent de la descente, le souffle de la chute de neige, lourde ou légère, tourbillon ou rideau.

Les animaux sauvages étaient ma passion. Le mercredi et le week-end, je pénétrais plus avant dans la forêt. Je reconnaissais leurs passages, leurs voies, criais de bonheur à la vue d'un gypaète, exultais pour une marmotte.

Je moulais en plâtre – suivant une technique puisée dans un livre qui ne me quittait plus, *Copains de bois* – les empreintes que je relevais au cours de randonnées solitaires ou en famille et les alignais sur une étagère : sanglier, chamois, renard, chevreuil… Toutes bêtes fugitives, dont j'avais fixé la présence et qui me tenaient compagnie à l'heure des devoirs, dans le cercle étroit de ma petite lampe de bureau.

De cette petite fille qui jamais ne se sentait seule dans les grands espaces, j'ai gardé la joie de vivre dans la Nature. J'ai cultivé sa patience, sa capacité à observer, à discerner, à identifier. Je n'ai rien oublié du silence dont elle se délectait, de sa disponibilité à ce qui l'entourait, minéral ou vivant, de son respect pour son environnement, de sa puissance d'émerveillement. Grâce à elle, je ne me suis jamais perdue de vue ni ne me suis jamais éloignée de l'essentiel : la Nature.

Gruffy, le village où j'ai grandi, où vit encore mon père, est situé au pied de la montagne du Semnoz, non loin d'Annecy. La commune est rattachée au parc naturel régional du massif des Bauges ; elle est cernée par les champs et les forêts, le paysage est préservé, apaisé.

Ici vivait déjà mon arrière-grand-père, Félix. La mémoire locale rapporte que, chaque jour, il traversait le village avec son troupeau de chèvres, dociles au point de le suivre, à la queue leu leu, en une seule file.

Mes parents ne se sont jamais beaucoup éloignés du Semnoz. Ils ont aimé et aiment toujours infiniment ces montagnes, les ont contemplées en toute saison, sans jamais se lasser, surtout ils les ont explorées. Ils ont marché, randonné, varappé, grimpé, et nous ont emmenés, mon frère et moi, les découvrir dès que ce fut possible. Ils nous ont appris ce que marcher signifie : se lever très tôt dans le noir, l'effort, traverser la fatigue, la faim, l'impatience, les petites douleurs, même la mauvaise humeur, et la joie qui déboule à la fin. Ils nous ont simplement montré ce que représente le fait d'être ensemble dans la montagne, à ouvrir les yeux, les oreilles à ce qui nous entoure et ainsi ouvrir, à l'intérieur, autre chose, le cœur sans doute.

Ma mère, en particulier, est une grimpeuse, mais elle a été aussi une alpiniste, avec à son actif des parois difficiles et de beaux sommets (mont Blanc côté italien, 4 000 du Valais, Zinalrothorn, Tour Ronde) ; elle est partie avec des pointures de haut niveau. En juin 1981, elle se trouvait ainsi en compagnie d'Yves Pollet-Villard sur le versant italien du mont Blanc. Sous ses yeux, il est tombé dans une crevasse. Elle a alors décidé de raccrocher les crampons, de se cantonner à la moyenne montagne… et aux livres.

Ceux-ci habitent toutes les pièces de la maison. Je découvre le bonheur, jamais perdu, de la lecture grâce à la petite Suissesse des alpages, Heidi, à qui je dois mon prénom. Comment ne pas souhaiter, comme elle, s'asseoir sur le banc de bois d'un chalet pour regarder le soir tomber sur les sommets, aux côtés d'un grand-père d'abord bougon, puis affectueux, qui connaît et transmet tous les secrets de la montagne ?

En grandissant, mon ambition s'affirme. Je dévore tous les Frison-Roche, lis et relis *Premier de cordée* et *La Grande Crevasse*, les récits et biographies d'alpinistes. J'ai mes héros : Walter Bonatti qui ouvre en solitaire et en hiver une voie directe dans la face nord du Cervin, Lachenal, Rébuffat. En tous ces *conquérants de l'inutile*, comme les désigne Lionel Terray, je pressens l'ardeur étrange de leur passion, l'amour et le respect pour la montagne quand l'homme, confronté à la grandeur irréductible et indifférente de la nature, se sent redevenir un souffle affreusement vulnérable mais au cœur battant de l'Univers.

Je devine qu'au-delà de la possession parfaite de la technique, de l'exercice de l'intelligence pratique, et même de la passion ou de l'élégance de leur grimpe, ces maîtres en sommet possèdent quelque chose qui s'apparente au *génie du courage*, qu'ils soient seuls ou en expédition.

Des alpinistes, je passe tout naturellement aux explorateurs polaires : Scott, Shackleton, Amundsen. Les conditions deviennent extrêmes, ces récits mythiques sont de plus en plus terribles. Ces hommes sont grandioses, souvent rebelles, parfois fous d'orgueil, mais ce sont aussi, des explorateurs, des hommes d'expédition et de science. Jusqu'au bout, dans des conditions inhumaines, ils rendent compte de leurs observations, même s'ils savent que leurs notes, selon toute probabilité, disparaîtront avec eux. Là aussi, je retrouvais cette puissance d'âme secrète qui irrigue en silence les vies des conquérants du froid et me fascine de plus en plus.

Je passe des heures plongées dans mes lectures. Autour de moi, la maison tiède, le quotidien qui est le mien. À quelques centaines de mètres la montagne, la Nature intraitable. Dans mon for intérieur, l'impatience de mon avenir et l'amour du froid.

Dès les premiers jours des vacances, été ou hiver, j'allais voir ma grand-mère à La Clusaz, au cœur des Aravis. Elle y avait habité un vieux chalet du XIXe siècle à 1 300 mètres d'altitude. J'adorais l'entendre raconter l'équipée pour y accéder quand il n'y avait aucune route goudronnée. On laissait la 2 CV un peu plus bas, et il fallait monter 5 kilomètres à travers la forêt puis creuser un tunnel dans la neige pour trouver la porte d'entrée. Je fermais les yeux et je pouvais sentir le frôlement des sapins au passage des voyageurs sur le sentier peu frayé. Ou le bruit sourd d'un amas de neige s'effondrant. Ou le crissement des pas, l'envol d'un oiseau, le roulement d'une pierre. J'imaginais la joie croissante de l'approche, l'exclamation qui jaillissait des lèvres en apercevant la silhouette du chalet, l'excitation de ma grand-mère. Étrangement cela me poignait le cœur. Jamais je ne connaîtrais le chalet ainsi protégé par la forêt, à l'écart des routes humaines. Un lieu secret, partagé avec sa famille, ceux qui s'aiment.

Les récits de ma grand-mère alimentaient une curieuse nostalgie : celle d'un temps que je n'ai pas connu. Comme elle a toujours aimé la photographie, elle a constamment mitraillé son entourage et les paysages. Dans le chalet, les albums s'empilaient. Souvent je réclamais des « séances photos ». Je m'asseyais à côté d'elle, elle tournait les pages, me racontait, photo après photo, son monde, celui d'avant ma naissance, autour de La Clusaz ou d'Annecy. Ces lieux qu'elle nommait, moi aussi, je les connaissais depuis toujours. Là où je voyais, sur les images collées des albums, des prés, un chemin, un petit bois, une ferme isolée, je visualisais aujourd'hui des parkings, des zones d'activité, des complexes immobiliers, des domaines skiables balisés.

L'angoisse confuse qui m'envahissait ne se cantonnait pas à la nostalgie. Il me faudrait des années de « séances photos » pour analyser cette véritable souffrance sourde mêlée de colère en constatant l'urbanisation – le saccage – de ma région. Ce n'est pas seulement un vague regret qu'on pourrait qualifier de sentimentaliste, le deuil flou d'une beauté disparue, mais l'intuition que la volonté de domination de l'homme sur son environnement est forcément une erreur. Que notre règne ne peut se concevoir comme un combat contre la Nature, qu'il ne s'agit pas d'une force contre une autre. Que nous habitons la Terre, qu'elle n'est pas un « environnement » à aménager à notre usage, un supermarché où nous servir. Nous l'habitons comme y habitent les animaux que je vais observer à l'aube, comme les sapins ou les champignons, les lombrics et autres myriades d'êtres vivants en constante interaction avec nous. Qui demande l'avis des chamois avant de tapisser le pied d'une montagne de parkings ? Et pourtant, nous habitons le même *milieu* qu'eux…

Parfois ma grand-mère extrayait des profondeurs de ses armoires des photos plus anciennes, de l'entre-deux-guerres. Je n'en finissais pas de scruter l'une d'elles qui représentait sa propre belle-mère, Pauline Tupin, en excursion sur la Mer de Glace en 1916. C'est une très jeune femme, à la taille incroyablement fine, en corsage blanc à col de dentelle et jupe sombre. Elle se tient droite, la main gauche posée sur une canne de randonnée, le regard ombragé par le rebord d'une sorte de canotier. Elle ne sourit pas, sa jeunesse irradie avec douceur. Derrière elle se dressent la montagne dans son imposante stature et les vagues figées du glacier.

Je fixais intensément ces traces du passé et me souvenais de ma propre découverte de la Mer de Glace. J'ai douze ans en l'an 2000 et moi aussi, dès mon plus jeune âge, ai pris le train pour Montenvers. Ma Mer de Glace s'atteignait en descendant plusieurs centaines de marches, les photos que l'on prenait alors montraient un glacier grisailleux, comme dégonflé dans ses moraines*. Il perdait, et perd encore, chaque année 8 à 10 mètres d'épaisseur à son front et se raccourcit au moins d'une trentaine de mètres.

J'ignorais qu'il serait bientôt en France et dans le monde l'un des symboles les plus éloquents du changement climatique.

Quand ma grand-mère rangeait la photo de la jeune fille et du glacier dans son album, demeurait un poids dans ma poitrine que je ne m'expliquais pas.

Est-ce à partir de cette photo, désormais scannée et qui m'accompagne partout dans mon téléphone, que j'ai développé alors cette intuition que confirme la glaciologie : les glaciers sont une *réserve de temps*, un *champ de mémoire* ? Des ancêtres qui nous raconteront le monde d'hier et de demain si nous savons les interroger.

2

Trouver sa voie

Désormais je fréquente l'ISETA, le lycée agricole de Poisy à une vingtaine de kilomètres de chez moi. Je prépare un bac scientifique, option biologie-écologie. On plonge dans les maths pures et dures mais utilisées pour comprendre les mécanismes de la nature. Aussi souvent que possible, l'élève studieuse que je suis s'évade avec son club de rando, Les Randonneurs du Chéran. Je passe des journées inoubliables dans le parc de la Vanoise, au glacier du Ruitor. Le bonheur de la marche et des paysages ne laisse pas place à d'autres sentiments que celui de la plénitude. Ces journées confortent une évidence : je dois être dans la nature. Les plus âgés racontent d'anciennes randonnées, quand le glacier était plus bas de plusieurs centaines de mètres, quand il y avait des névés tout l'été, quand la moraine ne montait pas si haut, quand… J'écoute. Mais ces récits ne peuvent altérer ma joie d'être dans la montagne, de contempler les sommets, de respirer l'air froid qui monte du glacier…

Les vieux ont beau dire, ils sont toujours là, les glaciers. À mes yeux, inépuisables, intangibles, comme ma chère montagne du Semnoz.

Au fur et à mesure de l'adolescence, le goût de l'alpinisme grandit, la griserie de monter toujours plus haut m'exalte plus que tout. J'apprends, je m'enhardis, je prends confiance en mon endurance, j'affine ma technique. Il m'arrive de rêver d'être guide. Le monde de la verticalité est celui dont je veux faire partie. Dès que possible, j'organise des journées en montagne, souvent en solitaire.

J'explore via ferrata* après via ferrata, et en même temps mon vertige. Je le connais, comme l'on connaît en les tâtant les contours d'un hématome. La peur du vide fait partie du tableau, je veux l'affronter, la regarder en face, la dépasser. Même si je sais qu'elle me rattrapera fatalement et que j'aurai encore à la surmonter...

Sur les vias ferratas, le grimpeur se confie aux câbles métalliques, aux échelles, points d'ancrage et mains courantes (si bien nommées lignes de vie !) pour élaborer une stratégie d'escalade, trouver sa voie. Celle-ci est à la fois tracée, et à construire. On administre son effort et ses peurs, son impatience et sa fatigue. La montagne, dans son indifférence, nous rappelle à nous-mêmes, corps et mental.

La paroi n'est pas indulgente.

J'ai quinze ans. En début d'été, je suis partie seule, sur la longue via ferrata de la Tour du Jallouvre au Grand-Bornand, cotée « AD », assez difficile. Une voie longue et engageante, mais, une fois qu'on est lancé dedans, le demi-tour n'est pas envisageable. C'est un matin calme. Des nuages s'accumulent. Je continue à progresser, le ciel noircit d'instant en instant. Alors que je suis collée à la paroi, j'entends le grondement d'un orage de plus en plus proche. Le tonnerre semble rouler, noir, juste au-dessus de ma tête. Et puis des voix, celles de deux autres ferratistes, percent le silence troublé par des coups de tonnerre réguliers et s'accordent avec mon angoisse que je tentais de garder à distance. « On y va. Allez, on y va ! On ne s'arrête plus. *Go, go.* » Leur fébrilité me gagne. Où sont-ils ? L'atmosphère crépusculaire a tout d'une fin du monde, un rideau noir nous enserre. Mes mains tremblent. Il ne faut pas. Surtout pas. Seule. Je ne peux rester suspendue aux câbles métalliques sous peine d'être foudroyée. Il faut se décrocher. Je le sais. Il va falloir tenir, là, sur cette arête.

Il me faut affronter, couplée au danger de l'orage, la peur du vide. Attendre en à-pic que la tempête passe sans céder au vertige, sans laisser la terreur prendre le dessus, sans succomber à la tentation de lâcher prise. Et, quand ce sera fini, me raccrocher, continuer. Sans affolement, avec la même attention, le même discernement qu'avant le tonnerre, les éclairs et la peur.

J'apprends.

— Heïdi, la semaine prochaine tu passeras la journée à Genève.

Je regarde ma mère avec stupeur. Je n'ai aucune raison ni aucune envie d'aller à Genève. La ville suisse n'est qu'à 50 kilomètres de Gruffy, mais je n'y suis jamais allée. Les villes m'étouffent. Et puis je suis une ado embarrassée par une timidité qui confine au handicap. Il n'y a pas si longtemps, aller acheter du pain à la boulangerie me pétrifiait.

Ma mère poursuit comme si elle ne savait rien de tout cela.

— Tu as un rendez-vous à la TSR[1]. Je t'ai inscrite à un casting.

Je reste sans voix.

— Tu as beaucoup de chance d'avoir été choisie au premier tour… Il paraît que trois cent cinquante personnes ont posé leur candidature.

1. Télévision suisse romande, maintenant appelée RTS.

— Mais…
— Il s'agit d'une série sur la Haute Route Chamonix-Zermatt.

La Haute Route est une course mythique, créée au début du XXe siècle, reliant les deux plus grandes capitales de l'alpinisme de France et de Suisse. Suivant les itinéraires, elle dure de six à sept jours, exige un bon niveau physique. Et surtout, surtout, c'est le raid des glaciers par excellence.

J'irai à Genève, je mangerai ma timidité, je passerai le casting, je serai sélectionnée, avec dix-sept autres personnes. Non pas des randonneurs ou alpinistes aguerris, mais des Français, Suisses, Canadiens, de douze à soixante-quinze ans, d'horizons différents : une ex-danseuse de l'Opéra, un banquier, un éducateur de quartier, un architecte, une mère au foyer… Nous sommes partagés en trois groupes. Je me retrouve avec Hubert, le plus chevronné des trois guides, en compagnie des randonneurs les moins novices. Le fils d'Hubert, François, qui vient d'entamer sa carrière de guide, hérite de l'équipe la plus hétérogène. C'est celle-ci que les caméras suivront le plus volontiers au fil des cinq épisodes de la série.

Peu m'importe. Je ne m'attarde pas plus sur les caméras qui nous surprennent quand nous les avons oubliées qu'au va-et-vient des hélicoptères de prises de vues. Arrachée à ma routine, frottée à des personnages si étrangers à ma vie, à mon environnement, je découvre une fois de plus la force qui naît d'une excursion hors de ma zone de confort.

Le cinquième jour, nous marchons pendant des heures sur le glacier d'Otemma. Il fait beau. Je m'enivre de la beauté de la glace au soleil. « Un tapis de diamants », déclare une participante. Je souris, je ne dis rien. Comme à l'école, l'équipe relèvera que l'on ne connaît pas le son de ma voix. Hubert nous explique les moulins, les bédières, insiste sur l'extraordinaire épaisseur de la glace. « Tu veux dire qu'il y a des cathédrales sous les glaciers », lance un de nos compagnons de route.

Oui, on peut mettre une cathédrale avec ses tours et ses flèches dans l'épaisseur d'un glacier…

Hubert ne fait pas son âge. Bronzé, le crâne rasé, il arbore une espèce de calotte brodée à l'indienne, parle bref, observe beaucoup.

Mon bonheur, mon exaltation, ma fascination n'échappent pas à Hubert. Je ne veux plus jamais m'éloigner des glaciers. Y passer l'essentiel de ma vie. Cette évidence me foudroie. Mais suis-je capable d'être guide ? Quel niveau technique est nécessaire ? Je l'interroge.

— Tu sais qu'il y a des gens qui sont payés pour ça.

— Pour quoi ?

— Pour être sur les glaciers et les étudier. On les appelle des glaciologues.

J'ai dix-sept ans. Je viens de trouver ma voie.

3

Apprendre

En 1787, Horace Bénédict de Saussure gravit le mont Blanc avec des instruments de mesure et imposa le mot « glacier ». Botaniste à l'origine, il fut fasciné par le fonctionnement géologique et les mouvements glaciologiques. Parce qu'il était de ces hommes animés par la passion de comprendre et de voir directement, il devint aussi un des fondateurs de l'alpinisme.

À jamais Saussure lie les deux pratiques. La glaciologie, comme bien des sciences physiques, se fonde sur un aller-retour entre le terrain où recueillir observations, mesures, et le « laboratoire » où analyser, calculer, concevoir ; elle est aussi l'une de celles dont le terrain d'études – la haute montagne et les zones polaires – sont parmi les plus exigeantes, physiquement et techniquement.

Moi, Heïdi, la fille des Alpes, arrière-petite-fille de Pauline Tupin, en jupe longue, sur la Mer de Glace, je sais avec certitude que je veux passer ma vie *dehors,* sur la glace.

Comme il n'existe pas en France d'école ou de formation spécifique de glaciologie dès la sortie du bac, je m'inscris à Lyon III en licence de géographie physique. Et je consacre mon premier mémoire à reconstituer l'évolution, depuis cent cinquante ans, du glacier du Trient, une « bête » de quatre kilomètres et demi de long située à la frontière franco-suisse, à quelques encablures de chez moi.

Je découvre qu'à partir du second Empire son épaisseur considérable avait engendré une intense activité économique : 20 à 30 tonnes de glace étaient extraites chaque jour à coups d'explosion à la poudre noire. Taillée en blocs grossiers, la glace était ensuite acheminée par train à Lyon, Paris, Marseille. En ces temps d'avant la réfrigération, la glace destinée à la conservation des aliments ne pouvait être que d'origine naturelle. L'exploitation cessera complètement en 1893.

À partir du début des années 1990, les relevés m'enseignent que le glacier décroît sans interruption. Je réalise que celui que j'ai sous mes yeux est le fantôme du géant qui récupérait chaque nuit le mètre que l'exploitation lui ôtait le jour.

Si les glaciers des Alpes ne nous servent plus à conserver la nourriture aujourd'hui, leur importance dans notre vie de tous les jours n'a pas diminué. L'eau des glaciers nous permet de produire une énergie propre, l'hydroélectricité, elle irrigue les cultures, maintient le débit des rivières en été (sans ses glaciers, le Rhône aurait un débit 40 % inférieur en juillet et en août), assure le refroidissement des centrales nucléaires, contribue au transport fluvial. Enfin, les glaciers rendent possible les « sports d'hiver » pratiquement toute l'année dans les plus hautes stations de ski.

Le fantôme du Trient nous l'enseigne, tous ces glaciers alpins sont en voie d'extinction. Leur retrait, lent et catastrophique, tue[1], déstabilise nos montagnes et nos infrastructures humaines.

1. En juillet 2022, le glacier de la Marmolada dans les Dolomites tue onze personnes suite à la rupture d'une poche d'eau sous-glaciaire qui s'était formée après une hausse record des températures.

D'ici la fin du siècle, la très grande majorité des glaciers alpins pourrait avoir disparu, les conséquences seront dramatiques.

Est-ce à ce moment de mes études que l'inquiétude des effets du réchauffement climatique a commencé à poindre dans mon esprit ? Ou plus exactement est-ce à cet instant que j'ai mesuré à quel point l'existence des glaciers alpins était centrale ?

J'insiste : la hausse globale des températures m'a toujours été une évidence. Ne suis-je pas née l'année de la création du GIEC ? J'ai grandi comme tous ceux de ma génération dans le bruit de fond de ces débats autour du dérèglement du climat. Existe-t-il vraiment ? Et, dans ce cas, l'homme en est-il responsable ? On s'écharpe sur des plateaux de télévision, on écoute, on passe à autre chose. Il y a de quoi faire. La guerre, le 11 Septembre, le terrorisme, le SARS... Le monde est complexe, les enjeux plus ou moins urgents et proches.

Si dans mon entourage savoyard on regrette le recul des glaciers, on déplore l'accroissement de la fonte estivale, cela ne nous trouble pas outre mesure. Variation ne signifie pas disparition. Le paysage en est modifié, il n'est pas bouleversé. Mieux, cela n'avait pas un impact direct sur notre mode de vie ni sur notre avenir. À la maison, autour de la table du dimanche, nul ne s'angoissait. Dans notre mémoire collective, il y avait toujours eu des glaciers. Demain ressemblerait plus ou moins à aujourd'hui. Nous ne nous inquiétions pas plus pour les glaciers que pour le Semnoz.

À l'université, je commence à saisir l'ampleur des enjeux. En rédigeant mon mémoire, je me suis soudain demandé si l'objet d'étude auquel je voulais consacrer ma vie n'était pas tout simplement en train de disparaître sous mes yeux...

Un de mes professeurs, Henri Rougier, m'encouragea à suivre mes intuitions et mon goût spécifique. Il était un professeur extraordinaire, un géomorphologue, spécialiste des paysages alpins, en particulier du pays de Zermatt, qu'il aimait avec éblouissement et science. Il écrivait : « Le paysage est l'une des données essentielles de la science géographique. Partout sur la planète, il exprime l'aboutissement – à un moment précis – du canevas interrelationnel existant entre les milieux naturels et les sociétés humaines. » Cette conscience des interactions entre Nature et humain ne m'a plus jamais quittée.

Surtout, Henri Rougier me poussa à écouter ma petite voix, me donna assez de confiance pour poursuivre ces études de glaciologie qui ne disaient pas grand-chose à grand monde. Le métier semblait abstrait, son objet insaisissable. Mes parents s'interrogeaient. Je ne leur dévoilais pas encore combien ce milieu professionnel était très compétitif et les postes très rares. Mais ils me firent confiance, c'est le plus grand cadeau que des parents puissent offrir : donner une valeur à nos choix, une valeur à ce qui nourrit le feu en nous.

Une session de grimpe à l'Aiguillette d'Argentière dans le massif des Aiguilles-Rouges en plein été, à la fin de ma première année. J'expose à mon compagnon de route, un ami tout aussi passionné de montagne, mes hésitations. Un semestre en Erasmus, oui, bien sûr. Mais où ? Aucune université ne propose de semestre en glaciologie.

Lui, comme Hubert trois ans plus tôt, parce qu'il sait me regarder, trouve la direction que je ne vois pas seule.

— T'as jamais entendu parler du Svalbard ?

— Du quoi ?

— Du Svalbard. En Norvège. Il y a une université là-bas. Renseigne-toi.

Le soir, je me jette sur Google. Des photos d'une bouleversante beauté défilent. Des paysages de glace transcendés par des couleurs inouïes, tout de rose et de jaune mêlés, à la fois cobalt et céladon, une myriade de nuances et de lumières. Il y a une université au sein ce paradis : UNIS située à 78°N. Le centre universitaire le plus au nord du monde au cœur de l'Arctique. Je pousse alors un cri de joie. C'est pour moi.

Sauf que mon université de Lyon III n'a évidemment aucun partenariat avec UNIS, ou la Norvège. Pire, cette dernière ne propose pour le semestre qui vient que des cours en géologie. Matière dont j'ignore à peu près tout.

Que m'arrive-t-il ? La timide Heïdi n'a plus peur d'avoir peur. J'assiège mes professeurs. Je sollicite, je réclame, j'obtiens des recommandations. Je ne lâche pas les secrétaires. Le matin, je piétine devant la porte fermée de l'administration, menace de dormir en travers de la porte. Rien ne me décourage. Au fond de moi, quelque chose sait que je *dois* aller au Svalbard.

Ma mère me demande le nom de la ville où se situe cette université dont je rêve jour et nuit. J'épelle : L.O.N.G.Y.E.A.R.B.Y.E.N.

— Attends.

Elle va chercher l'atlas. Patiemment, elle pointe toutes les villes norvégiennes.

— Tu rêves, Heïdi. Cette ville n'existe pas.

— Si. Sur l'île du Spitzberg, la plus grande île de l'archipel du Svalbard, dans l'océan Glacial arctique, à l'est du Groenland, entre la mer de Barents et le pôle Nord. Le jour polaire dure d'avril à août, la nuit d'octobre à février. Les températures peuvent descendre jusqu'à - 40 °C.

Elle soupire, referme l'atlas.

— Ça se prononce comment ?

Mon dossier d'inscription est presque bouclé. Je traduis mon CV en anglais avec un peu d'imagination. Comme je n'ai suivi aucun cours de géologie, je rajoute cette spécialité à chaque unité : aménagement du territoire et *géologie,* hydrologie et *géologie.* Après tout, la question géologique n'est-elle pas abordée à un moment ou à un autre en géographie physique… ?

Et un jour, le miracle a lieu : UNIS accepte ma candidature pour un Erasmus de juillet à décembre 2008. C'est inespéré ! Le cœur battant, je prends mes billets d'avion. Oslo puis Tromsø, sur la côte ouest norvégienne, puis Longyearbyen, « capitale » du Spitzberg, 2 000 habitants.

J'ai vingt ans et, pour la première fois de ma vie, m'éloigne durablement de mes montagnes alpines, de mes points de repère. Quand l'avion commence à descendre, d'autres montagnes inconnues, baignées du soleil rasant de minuit, semblent me faire signe.

Une joie anxieuse me submerge. Cette terre nue, noire et blanche que j'aperçois par le hublot m'est soudain si étrangère. *Dois-je* être ici ?

SVALBARD
Longyearbyen
GROENLAND
JAN MAYEN
FINLANDE
SUÈDE
NORVÈGE
ISLANDE
RUSSIE

4

Au Svalbard

Une fille de l'université m'accueille à la descente de l'avion. Bienvenue à Longyearbyen ! Il est pratiquement minuit, il fait jour, mon cerveau de Haute-Savoyarde peine à coaguler ces deux informations. Nous roulons entre d'énormes Lego de toutes les couleurs : des containers. Une zone de stockage succède à une zone de décharge. Une grue ponctue ce que je peine à qualifier de paysage repeint en un jaune halluciné, celui de ce soleil qui ne se couche pas.

Je me réfugie dans mon mutisme habituel. Où suis-je ? Qu'est-ce que c'est que ça ? Ai-je vraiment pris un avion, ce matin, à Genève ? J'ai plutôt le sentiment d'avoir été télétransportée sur une autre planète qui ne ressemble pas aux images que je me faisais du Svalbard, avec un ours paressant sur une banquise* vierge, ombrée de lueurs mauves.

Depuis la fin de la chasse à la baleine au début du XXe siècle, le Spitzberg est devenu un territoire de mines et de carrières (charbon, gypse, marbre) loué à la découpe entre Russes, Suédois, Norvégiens, Américains. Il est aussi un espace d'exploration scientifique. Plus récemment, depuis la réduction de la banquise, il est devenu une étape pour les navires de croisière en

Arctique. Dans tous les cas, il est un lieu utilitaire. Un endroit où les hommes se servent, sans se gêner, tout à leurs affaires et rivalités politiques et économiques, leurs batailles pour l'espace et les ressources naturelles.

Ici, ni culture ni peuples autochtones. Ceux qu'on appelle « *locals* » ne sont que des résidents de longue durée.

Même si le Spitzberg a été placé sous administration de la Norvège à la suite des accords de Versailles, nous y sommes tous des étrangers.

Des maisons parallélépipédiques, sur pilotis, aux toits penchés se succèdent, sans aucune intention esthétique. Des lampadaires maigrelets sont piqués de part et d'autre d'une route trop large. Des scooters des neiges sont parqués au hasard sur des palettes, comme les jouets d'un enfant désordonné. Je remarque des tuyaux de plomberie courant un peu au-dessus d'un sol sec, brunâtre, à peine éclairé par quelques plaques de neige. Ma conductrice m'informe qu'ils ne peuvent et ne doivent pas être enterrés pour éviter de chauffer le sol gelé, le permafrost*.

Nous roulons encore. Et puis devant nous, au bout d'une étendue d'herbe rase et rousse, je reconnais les grands bâtiments du Svalbard Science Center tels que je les avais scrutés avec curiosité sur mon écran, depuis ma piaule d'étudiante à Lyon. *Home Sweet Home* ?

Cette première nuit, malgré la fatigue du voyage et les bandes de papier d'aluminium collées sur la fenêtre pour arrêter les rayons solaires qui ne cessent jamais à cette saison, je dors à peine.

Sous mes paupières fermées, défilent des images contradictoires. Celles de la laideur utilitariste de la ville, celles qui m'ont hypnotisée sur mon ordinateur.

Je finis par sombrer dans l'inconscience en me rappelant que je suis arrivée là où je voulais. Dans ce « bout du monde », au seuil d'« un grand loin » : à 1 300 kilomètres au nord du cercle polaire arctique.

À quelques kilomètres, je devine des glaciers irradiant de cette lumière d'été inépuisable des montagnes dont je ne connais pas encore chaque présence singulière. Et l'ours blanc, dont, au Svalbard, nous encombrons le royaume. Eux qui, au Spitzberg, étaient encore – l'année de mes vingt ans – plus nombreux que les hommes.

L'université du Svalbard accueille donc une centaine d'étudiants, ultra-spécialisés en glaciologie, climatologie, océanographie, biologie et géologie. Dans mon cours, en Erasmus, nous sommes une quinzaine : des Scandinaves, des Anglo-Saxons et moi. Tous bilingues en anglais, sauf moi. Tous géologues, et les meilleurs de leurs universités respectives, sauf moi. Les premières semaines, je n'ai pas trop à m'en inquiéter : chaque semestre débute par un cours de technique de survie en Arctique.

On est jetés dans le bain, au propre et au figuré, tout juste dotés d'instructions à suivre à la lettre.

Je crois maîtriser quelques techniques (skier bien sûr, marcher sur un glacier, observer la neige, escalader, m'orienter, me protéger du froid), mais ici tout prend des proportions gigantesques, déconcertantes. Quand on ne nous apprend pas à monter une tente – avec des moufles et sous des rafales de vent –, il faut apprendre à tirer – malgré sa peur des armes – sur les ours éventuels, apprendre à nager en combinaison de survie dans l'eau glaciale des fjords, à mener un Zodiac, et surtout, surtout, à vivre avec un froid dont l'intensité m'est inconnue.

On nous embarque sur le *MS Stockholm*, un superbe bateau d'exploration polaire des années cinquante, à la découverte de l'archipel. Je suis malade – la fille des Alpes n'a pas le pied marin –, je suis éblouie.

Au gré de la couverture nuageuse, les paysages se déploient dans une lumière bleue, ocre ou grise, les montagnes des fjords tombent, nues, dans le miroir d'étain ou l'étoffe cobalt de l'océan. S'ouvrent des panoramas immenses et lunaires, où des écharpes brumeuses se déchirent et s'effilochent, se reconstituent en nappes profondes dans les fjords. Au pied des montagnes, dès que le soleil s'intensifie, les lichens feutrant les roches révèlent les nuances infinies de leurs broderies colorées du roux au vert, du rouge à des gris-jaune infinis, la mélodie subtile de la toundra, perpétuellement reprise, réinterprétée en mille nuances, par la lumière interminable.

Plus haut, la banquise, l'enchaînement des sommets recouverts de leur manteau neigeux, striés de noir, le resplendissement d'énormes glaciers, m'émerveillent au-delà des mots.

Est-ce donc ici, mon pays rêvé, ma « terre du milieu » ?

Tous les jours, nos professeurs nous conduisent à terre pour de longues excursions géologiques. Encore étourdie par le mal de mer et le manque de sommeil, je prends des notes fébriles, en essayant de suivre les exposés du professeur ou les questions des élèves, et je suis souvent réduite à transcrire en phonétique les noms des phénomènes géologiques qu'ils se lancent négligemment, mais qu'importe... Je vais, la joie au cœur, de découverte en découverte.

Glaciers, moraines, terres nues... Je renoue avec mes joies les plus primordiales : surprendre les animaux sauvages. Ici, un renne du Svalbard endémique, avec ses grands bois veloutés, broutant herbes et lichens. Accrochées aux falaises, pelotonnées sur d'étroites plates-formes, les familles de guillemots ; dans les éboulis piétinent les bernaches, oies d'éternel passage. Au ciel, les vols bruyants et piailleurs des mergules, le plus petit des pingouins. À l'intérieur des terres, les lagopèdes en leurs robes brun clair d'été, aux pattes emplumées. À bord, j'aime regarder planer les pétrels, portés par d'invisibles courants, rasant les vagues avec une grâce infinie.

Un jour, penchés sur le bastingage, nous observons la dérive de petits icebergs. L'un d'eux file à contre-courant. Je comprends : c'est un ours. Je pousse un cri entre joie et triomphe. Je suis la première à voir un ours. C'est une révélation : je suis au Svalbard, je suis en Arctique. J'y SUIS. Complètement.

J'ai commencé à sortir de ma carapace, à demander de l'aide, à avouer que la géologie, je n'y connais presque rien et, peu à peu, je prends confiance.

Dès le mois de septembre, les expéditions se font plus rares, les journées de terrain cèdent le pas aux heures de cours. Je ronge mon frein. Ne suis-je pas ici pour être dehors ? Les jours raccourcissent, la nuit polaire commence officiellement le 26 octobre. Les chutes de neige se font plus fortes, plus persistantes.

En décembre, des tempêtes nous cloîtrent pour de bon à l'intérieur. Alors, je me concentre sur mon écran, j'avale des kilomètres de notes mais ne parviens qu'à survoler le programme, si considérables étaient mes lacunes. Finalement, sans étincelles, je valide mes crédits. Le semestre est terminé. J'ai fait mon Erasmus.

Bientôt Noël. Les uns et les autres rentrent chez eux. Je reste encore. Plus d'obligations ni d'horaires. La nuit est profonde désormais, elle efface les dernières contraintes. Dans le bâtiment des étudiants, nous dormons, mangeons, jouons, regardons des vidéos à n'importe quelle heure.

Les fondus de grand air, dont je suis, élaborent un ultime plan de rando. Quelques jours à écouter crisser la neige sous nos pas, à se tenir dans cet absolu blanc qui nous donne l'impression de vivre pour de bon, à regarder la voûte étoilée à portée de nos mains…

Avec un copain, Johannès, nous nous préparons. Itinéraire, vivres, sacs, frontales, fusil.

Et puis, subitement, la température monte, il se met à neiger, lentement, en abondance.

Le blizzard se lève, emporte la neige en tourbillon, meugle de sa voix solitaire, gifle avec violence tout ce qui lui fait obstacle. Les baraquements gémissent sous ses assauts. Morose, à travers les carreaux de la salle commune, je contemple la lumière rouge de la ville dispersée en poussière glacée par le vent. De l'autre côté, vers la montagne, la neige doit s'accumuler, en masses instables et donc dangereuses. Je le sais. Je sais aussi que mes jours au Svalbard sont comptés alors que je désire par-dessus tout, une dernière fois, marcher dans cet espace fabuleux, grimper un peu, adhérer avec tout mon corps et mon enthousiasme à cet endroit du monde.

Après trois jours, la tempête s'est retirée, comme à bout de souffle. Le silence à l'entour semble nous inviter à le rejoindre.

On y va ?

Go !

Pas une rando complète. Juste une sortie, trois fois rien. À moins de 2 kilomètres, sur une montagne que j'avais gravie cet été et qui, dans mon souvenir, ne présentait pas de difficultés particulières. Sur le cahier, où les étudiants sont censés consigner leurs sorties, nous notons « retour vers 19 heures ». Une procédure pour la forme puisque personne n'est chargé de vérifier présences et absences.

La nuit est splendide. Dès que les lumières de la ville se dissipent dans la distance, dès que nous marchons dans le seul rayon de la frontale, celle-ci devient la métaphore de notre confiance en notre intelligence et notre énergie. Nos muscles se délient vite dans l'exercice, nous jubilons. Comme nous aimons la neige et la nuit ! Nous avançons dans le sentiment glorieux de la vitalité qui nous rend invincibles. Les conditions ont l'air bonnes, nous décidons de monter droit dans la pente au plus court. Au fur et à mesure de notre progression, je réalise que notre raccourci suit une voie beaucoup plus pentue que dans mon souvenir. Rien d'insurmontable. La pénombre est rassurante. Nous persistons.

La neige fraîchement tombée est épaisse. Nous avançons assez lentement, moi, juste au-dessus de Johannès, pieds et poings enfoncés dans la neige. La pente est décidément raide… Un pas. Je sens la neige s'affaisser sous mon pied et en une demi-seconde je perçois, en un ralenti hors du temps, ce « woum » feutré que reconnaît tout montagnard, même s'il ne l'a jamais entendu, doublé d'un grondement sourd.

Je crie : « Avalanche ! »

Le sol se dérobe, tout bouge. Une vague de neige et de roches nous enlève avant d'avoir pu tenter un pas de côté. Nous chutons. Nous tombons. Nous chutons. Nous tombons. Non en une durée, mais en un ralenti illimité. Jamais ma conscience n'a été si éveillée. Je me souviens avec une clarté et une précision invraisemblables de ce que l'on nous a enseigné *in case of an avalanche :* essayer de nager, tenir la tête hors de la neige. Je ne doute pas que je vais mourir, écrasée par une pierre, étouffée par la neige, mais je vais faire ce que l'on m'a appris. Le monde n'est plus qu'un maelström où je vais me noyer ou être écrasée par les grosses pierres qui roulent avec nous. Tout n'est plus que courant, rouleau, ressac, grondement, submersion par des forces aveugles. Et dans ma tête le visage de ma mère, en train de m'engueuler : « Tu as fait n'importe quoi ! N'importe quoi, Heïdi ! On ne sort pas quand la neige n'est pas stabilisée ! »

Ni temps ni espace ; seulement la chute, seulement le temps d'une conscience qui s'affronte à son anéantissement. Cent mètres, une poignée de secondes.

Et puis rien. Le silence. Comme si rien n'avait eu lieu.

J'étouffe. De la neige emplit ma bouche, bouche mes narines. Le noir m'environne, la nuit partout. J'ai la tête hors de la neige, je crache, tousse. L'air circule à nouveau dans mes poumons, une conscience plus nette de la situation émerge.

Je ne sens rien.

Un nouvel effroi me submerge.

Est-ce que je suis paralysée ? Mon corps est enfoncé dans un mélange de neige et de pierre, bloqué dans une gangue trop lourde pour que je puisse l'en extraire. Au bout d'un temps qui me semble infini, je trouve assez de force mentale pour tenter de bouger un doigt de pied. Oui... je le peux. Je n'ai pas rompu ma colonne vertébrale...

— Heïdi ?

Johannès a été projeté plus bas que moi, il a très mal à la cheville, mais l'adrénaline le fait tenir debout.

— Tu es OK ?

— Je ne peux pas bouger...

— J'arrive.

Il m'empoigne par les épaules. Me tire, me hisse. Je me relève, tout mon corps me fait mal, cabossée, fêlée de la tête aux pieds mais debout.

L'euphorie succède à la panique. On s'en est sortis ! On rassemble ce qui nous reste. J'ai perdu mes bottes, mes gants, le fusil… On tâtonne dans le noir, nos frontales sont brisées. Miracle ! Johannès retrouve son téléphone et appelle les secours.

— On vous envoie un hélicoptère.

— Non !

On l'a pensé ensemble. Passé la peur, la détresse, l'allégresse d'être vivants, le sentiment le plus vif qui subsiste à cet instant est la honte de notre inconscience, de notre amateurisme, de la stupidité de notre sortie. Imaginer l'hélicoptère affrété rien que pour nous, au vu et au su de notre petite communauté d'aguerris de la glace…

— Si vous pouvez nous attendre en bas du glacier…

— Vous êtes sûrs que ça va aller ?

— Oui… sûrs et certains.

Nous avons une demi-heure de marche pour regagner la vallée. Jamais je ne m'étais sentie aussi loin du monde des humains.

Je grelotte, en chaussettes sur la neige. Mon bassin me fait horriblement mal. Un cri de douleur échappe parfois à Johannès au fil de notre descente. Nous craignons de glisser, de perdre pied et de ne pas nous relever une deuxième fois. Après la panique, c'est le froid qui nous saisit, nous sommes trempés, nos vêtements sont déchirés, même le mouvement ne nous réchauffe plus. Je commence à trembler de tous mes membres.

De loin, les phares du véhicule de secours nous font signe.

La remorque où l'on nous installe vibre et cahote à chaque seconde, alors que le scooter des neiges fonce vers la ville. Chaque secousse éveille et prolonge d'interminables décharges douloureuses. Maintenant, c'est de tout mon corps que je frissonne et tremble. Je sens que je m'enfonce dans l'hypothermie.

L'hôpital de Longyearbyen est, bien entendu, le plus au nord du monde. Une gravité singulière nous y accueille. À travers la brume d'épuisement où je sombre, bourrelée de douleurs, secouée de grelottements qui persistent dans la salle surchauffée, j'ai pourtant la pleine conscience de la solennité qui entoure notre prise en charge.

Avalanche signifie mort.

Les jours qui suivent à l'hôpital sont des jours de détresse. Je m'en sors bien, le bassin est intact, mais j'accumule trois disques vertébraux écrasés. La douleur est à peu près maîtrisée ; j'ai échappé à la paralysie. Je payerai mon imprudence d'un mal de dos chronique, d'une certaine fragilité physique. Parfois de cauchemars où je revis l'avalanche, l'effarement et l'impuissance, puis l'ensevelissement, la terreur de la paralysie.

L'infirmière qui me soigne avec une immense gentillesse est une Norvégienne de l'âge de ma mère. Elle accueille mon désarroi avec une attention particulière. Cela fait un an que son mari a été emporté par une avalanche.

— La vie est fragile, Heïdi. Nous avons des limites. Il faut faire attention.

Avoir échappé à la mort ne devrait-il pas être une cause d'euphorie ? Tout au contraire, je viens de comprendre que le temps m'est compté, que je suis mortelle, vulnérable, et même un peu cassée. Une tristesse qui m'était inconnue, existentielle, ne me quitte plus.

Johannès est rentré chez lui. À l'université, bien sûr, notre équipée a été raillée pour son impréparation. On se moque des apprentis explorateurs qui descendent le glacier en chaussettes, comme si nous n'étions que des personnages de BD, blackboulés grotesquement cul par-dessus tête et qui voient des étoiles de toutes les couleurs dans un amas de neige assez inoffensif. La difficulté d'exprimer le traumatisme renforce mon sentiment de solitude. De retour en France, je cache le choc, pour ne pas jeter mes parents dans l'angoisse. Il me faudra des mois pour m'en ouvrir à ma mère.

Lentement, je me rassemble, une métamorphose s'opère en moi. Les paroles de l'infirmière déploient peu à peu leur pleine signification. Je n'ai pas encore fini d'explorer leur nécessité et leur sagesse.

Pendant des semaines, des mois, je reste terrifiée quand il faut marcher sur la neige. Je ressasse ce moment où elle s'est dérobée sous mon pied et m'a roulée dans sa vague. Je revis encore et encore ce souvenir d'avoir été secouée comme un dé dans un cornet, crachée avec les rochers au bout de la pente.

L'expérience n'a pas seulement refondé ma relation avec mon corps, elle a élargi ma réflexion.

Nous croyons habiter la Nature. Sa beauté éveille des sentiments très enfouis, nous relie à des émotions d'avant les mots et nous fait exulter, mais celle-ci l'ignore. Elle ne nous accueille ni ne nous repousse. Elle n'est ni bien ni mal disposée à notre égard, elle n'a ni colère ni bienveillance. C'est à nous, humains, nous seuls, qu'incombe la responsabilité de notre survie

À nous seuls de nous poser des limites pour ne pas être balayés par sa force souveraine et indifférente.

Cela vaut pour tous les êtres humains quand ils se croient invincibles – ainsi Johannès et moi, dans l'orgueil de nos vingt ans –, lorsqu'ils affrontent les éléments naturels trop sûrs d'eux et de leur puissance, quand ils s'imaginent vivre sans danger et qu'ils ne font que vivre *au-dessus de leurs moyens.*

Le grondement de l'avalanche était un rappel à l'ordre.

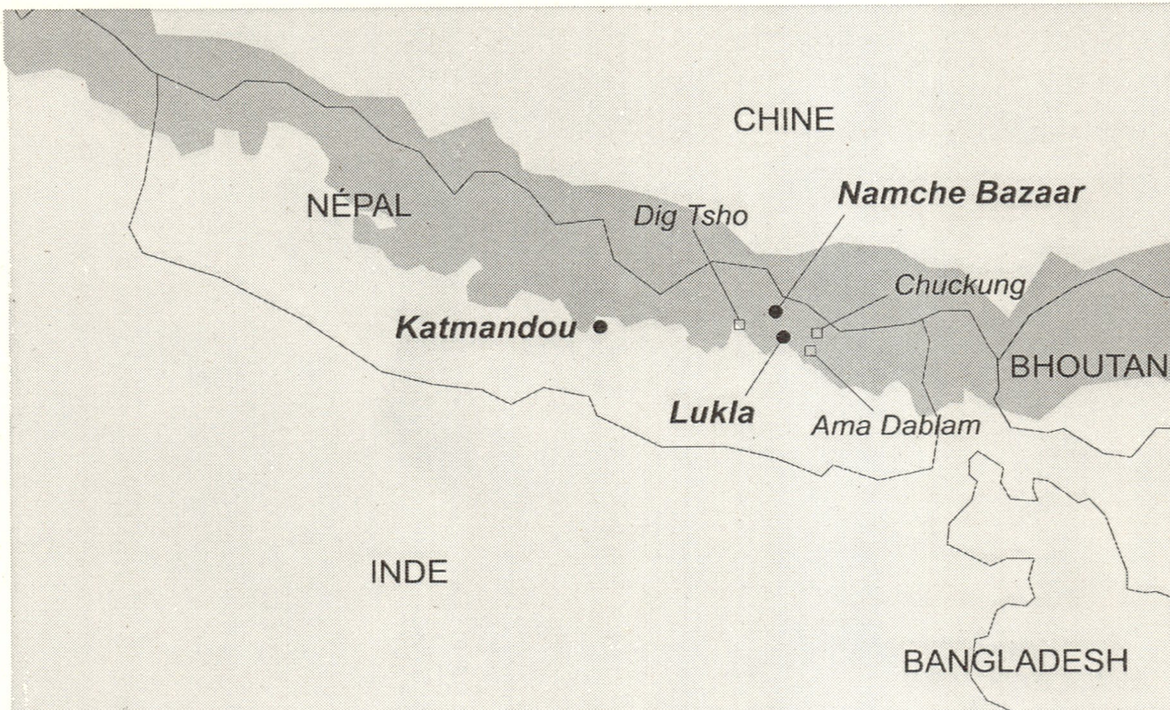
CHINE
NÉPAL
Namche Bazaar
Dig Tsho
Chuckung
Katmandou
BHOUTAN
Lukla
Ama Dablam
INDE
BANGLADESH

5

Expériences fondatrices

De retour en France, je prends la décision de poursuivre mes études à l'étranger : pas de recherche sans une parfaite maîtrise de l'anglais et une expérience internationale.

Étonnamment, c'est au pays de Galles, la contrée des vertes vallées, que je découvre les meilleurs professeurs en glaciologie, des légendes en leur domaine. Je suis très fière que ma candidature en master de glaciologie soit acceptée par l'université d'Aberystwyth. Je suis la première étrangère à y entrer.

L'année de master se révèle aussi passionnante qu'épuisante. J'ai surestimé mon niveau en anglais et dois travailler deux ou trois fois plus que les autres étudiants. En septembre, après treize mois de cours, ma fatigue est telle que, diplôme en poche, je ne souhaite plus qu'une année sabbatique.

La rumeur qui veut qu'une fille des Alpes soit forte sur le terrain me rattrape : au lieu d'un ressourcement haut-savoyard, on me propose une expédition au Népal. Je me reposerai plus tard. Aller sur le toit du monde est un rêve bien plus ancien, bien plus profond.

Octobre 2010. Heathrow – Doha : sept heures d'avion. Puis quatre heures vers l'aéroport international Tribhuvan-Katmandou. 1 400 mètres.

Nous sommes quatre jeunes scientifiques : deux doctorants, Matt Westoby, Sam Doyle, et Pippa Cowley, une fille de ma classe, à aborder, encore étourdis par le décalage horaire, cette ville rouge brique, chaotique, frénétique. Les toits en tuiles, les pointes dorées des temples, le tintamarre des rues, la splendeur de Durbar Square, les câbles électriques emmêlés. Tout est la marque d'un monde entièrement différent. Nous passons notre temps de préparation à Thamel, quartier mythique depuis les années soixante-dix, rendez-vous incontournable pour les trekkeurs de tout poil, et nous nous perdons dans un lacis de rues encombrées de piétons, de rickshaws, de vélos, d'enfants, de vendeurs ambulants, une foule à la fois fébrile et tranquille, sans parler des vieux routards blasés et des touristes aussi désorientés et fascinés que nous-mêmes.

Nous nous sommes donné une semaine pour trouver le petit matériel qui nous manque encore. Les échoppes regorgent d'équipements d'alpinisme et de vêtements contre le froid. Les premiers sont souvent de seconde main, les seconds, des contrefaçons à peine dissimulées. Qu'importe, il en faudrait bien plus pour entamer notre enthousiasme.

Et, quand vient le jour d'embarquer dans le petit avion pour Lukla que les alpinistes de l'Himalaya désignent comme le début et la fin de leur voyage, le cœur de chacun bat plus vite. Lukla, 2 864 mètres, est dotée de l'une des pistes d'atterrissage les plus courtes et les plus pentues du monde. Deux semaines plus tôt, à la fin de la mousson, un avion tout pareil au nôtre s'y est écrasé sans aucun survivant. Nos prières sont entendues et nous y atterrissons en douceur. Les toits bleus et verts de la petite ville s'étagent dans une vallée spectaculaire dominée par l'Everest. Le matin, la brume s'attarde, les chèvres, les touristes et les sherpas[1] se croisent dans les rues pentues.

Le temps de s'acclimater à l'altitude, nous trouvons quatre sherpas et deux yacks, compagnons sans lesquels cette expédition resterait une chimère.

Le ciel est une tenture bleue, immense, derrière les montagnes sacrées des Hindous. Nous avons encore des jours de marche devant nous pour gagner notre premier site d'études, en suivant le mythique EBC, le chemin vers le camp de base de l'Everest, en compagnie de dizaines de fondus de sommets à conquérir. La forêt est dense, très verdoyante, s'ouvrant sur des échappées bouleversantes de beauté. La nuit, nous dormons dans des maisons de thé merveilleuses, époustouflés par l'accueil des Népalais.

Namche Bazaar. 3 440 mètres d'altitude. Un autre mythe de l'alpinisme himalayen. Dans cette petite ville bâtie en amphithéâtre, alternant, en terrasses, des bâtiments à deux ou trois étages, avec des toits bleus et verts, et des petits champs, les trekkeurs font l'ultime étape d'acclimatation à l'altitude. Mais surtout Namche est la plaque tournante du fromage au lait de yack. Mon cœur de Savoyarde bondit d'émotion en voyant proposer, dans de minuscules restaurants, de la fondue – en français !

1. Du peuple autochtone du même nom, de descendance tibétaine, habitant sur les pentes sud de la chaîne de l'Himalaya. Au Népal, de nombreux sherpas travaillent dans l'industrie du tourisme de haute montagne.

Deux jours plus tard, nous tournons le dos au tourisme de l'Everest et quittons la foule – relative – de l'EBC pour nous enfoncer à l'ouest, vers Langmuche, située à 4 252 mètres. Nous ne sommes ici, ni pour l'exploit sportif, ni en pèlerinage sur les versants de montagnes ayant vu la création du monde et la naissance de dieux hindous.

Notre mantra est un acronyme anglais : GLOF pour *Glacial lake outburst flood*, traduit par les scientifiques francophones en Vidange brutale d'un lac glaciaire.

Lorsqu'un glacier se rétrécit, son eau de fonte s'accumule naturellement dans le bassin qu'il a creusé. Bassin entouré par la moraine. Celle-ci se présente comme une muraille de roches déposées pêle-mêle par le glacier et peut facilement atteindre 100 ou 200 mètres de hauteur en Himalaya. Si cette espèce de digue de moraine vient à rompre sous la pression de l'eau du lac, ce sont des millions de mètres cubes d'eau susceptibles de se ruer en quelques minutes en aval dans une vallée, entraînant roches, moraines, villages, hommes et bêtes sur des dizaines de kilomètres, dans un rugissement d'apocalypse.

Cela arrive parfois du fait d'un accident singulier, une éruption volcanique sous un glacier (les Islandais ont un mot pour ce phénomène, *jökulhlaup*), mais ici, dans l'Himalaya, les barrages de moraine cèdent sous l'effet de la pression de l'eau lorsque son volume, provenant de la fonte, augmente et devient trop lourd pour le barrage morainique. Le phénomène peut aussi être déclenché par une de ces secousses sismiques si fréquentes au Népal. Dans ce pays, 1,6 million de personnes habitent à moins de 3 kilomètres en aval de ces lacs retenus par de fragiles moraines.

La formation de ces lacs est un danger énorme pour les vallées de l'Himalaya. Un danger que la fonte accélérée des glaciers rend inévitable.

Nul ici n'ignore que d'autres GLOF auront lieu. Forcément.

Nous sommes venus sur le site d'anciens GLOF pour comprendre ce qui s'est passé. Notre mission est de générer les modèles 3D de trois barrages morainiques qui ont rompu afin de reconstituer les données physiques de leur effondrement et d'identifier les signaux de rupture. Pour cela, il nous faut prendre des milliers de photos de ces sites sous tous les angles imaginables (à l'époque, nous ne disposions pas de drones) et mesurer la taille et l'orientation des roches laissées sur place.

Ici, dans cette vallée parfaite, surplombée par le somptueux Tengi Ragi Tau, culminant à presque 7 000 mètres, noblement drapé de glaciers suspendus, la catastrophe a eu lieu en 1985. La brusque crue du magnifique Dig Tsho a libéré 5 millions de mètres cubes d'eau, charriant d'énormes blocs de moraine, et a tout dévasté sur une quarantaine de kilomètres, détruisant au passage une trentaine de maisons, une centrale hydro-électrique, une quinzaine de ponts et des dizaines d'hectares de champs cultivés[1]. Douze personnes y ont perdu la vie.

Nous installons notre camp. Il fait clair et chaud, les nuits sont froides, et les étoiles semblent à portée de main. Nous apprenons à faire le feu avec les bouses de yack. Pippa et moi consacrons chaque heure disponible à arpenter, crapahuter,

1. https ://www.researchgate.net/publication/271811212_The_1985_Catastrophic_Drainage_of_a_Moraine-Dammed_Lake_Khumbu_Himal_Nepal_Cause_and_Consequences

monter et dévaler cet immense complexe morainique pour mesurer des centaines de cailloux. Les journées sont extraordinaires. L'air est vif, exaltant.

Un peu au-dessus de nos tentes, sur une butte, à quelques mètres de la ligne du tsunami de 1985, s'élève la cabane en pierres sèches d'un vieux berger de yacks. J'adore observer son troupeau, les jeunes veaux au manteau ébouriffé et aux yeux tendres et vifs qui passent leurs nuits à courir autour de nos tentes.

Peu à peu, grâce à notre équipe sherpa, nous faisons connaissance du berger. Un vieillard tellement âgé que je lui donne quatre cents ans au bas mot ! Nous le questionnons. Était-il déjà là lors de la catastrophe ? Oui, il a passé sa vie ici. Alors ? Comment ça s'est passé ? Que peut-il raconter ? Il nous fixe, toutes les rides de son visage creusées par le rire. Notre guide se marre aussi.

Il avait été invité à une fête, à trois jours de marche. Une belle fête. Une très belle fête. Une fête inoubliable ! Le long du chemin du retour, il ne dessoûle pas, avance joyeux et en zigzag. Enfin arrivé, en pleine nuit, il pousse la porte de la cabane et s'affale. Dort. Dort. Dort. Se réveille. Titubant encore, le cerveau embrumé, il se dirige vers la porte pour respirer l'air frais, ouvre, et là, ne comprend pas. Plus rien ne ressemble à SON paysage. Il n'y a plus de troupeau. Il n'y a plus SES rochers, SES fourrés. Est-il encore ivre ? S'est-il trompé de vallée ? De cabane ? Il se retourne. Non, tout est là. La couverture, ses ustensiles… tout.

Au-dehors règne le silence.

Il n'a plus envie de rire.

La vague a emporté son paysage, ses points de repère, son histoire. Par quel miracle, par quelle fantaisie, le tsunami a-t-il épargné sa cabane ?

Je regarde avec émotion ce visage de vrai montagnard. Comme ils sont rares les projets glaciologiques où l'on rencontre des gens qui vivent au cœur de la fonte des glaces, qui subissent de plein fouet le réchauffement climatique !

Nous savons que depuis cinquante ans les températures ont augmenté de 0,04 °C par an dans l'Himalaya népalais, provoquant un raccourcissement des glaciers en moyenne de 60 mètres par an et donc la formation de nouveaux lacs ou le gonflement des plus anciens[1]. Ils sont des milliers à parsemer les vallées himalayennes. Des canaux d'écoulement ont été creusés là où c'était possible, des systèmes d'alerte ont été mis en place. Plus tôt nous saurons identifier les signes avant-coureurs, plus vite les populations pourront être évacuées.

Notre travail de glaciologues a ici un impact immédiat, positif, évident.

Oui, cette science nous permettra sans doute d'alerter à temps et de sauver des vies, mais elle n'empêchera pas directement les glaciers de fondre, les lacs de gonfler et, un jour, de tout détruire sur leur passage. Ces lacs, à la vidange dévastatrice, nous les retrouvons maintenant sur tous les massifs montagneux de la planète, à commencer chez nous dans les Alpes[2].

1. https ://www.thenewhumanitarian.org/fr/report/90506/n %C3 %A9pal-des-milliers-de-personnes-en-danger-suite- %C3 %A0-la-fonte-des-lacs-glaciaires

2. Je pense par exemple au lac du glacier de Plaine-Morte, ou encore à la poche d'eau du glacier de Tête-Rousse dans le massif du Mont-Blanc.

Nous allons poursuivre notre mission encore près d'un mois, découvrirons le magnifique monastère bouddhiste de Tengboche au cœur d'une forêt de rhododendrons géants et continuerons à monter jusqu'à 4 500 mètres, au camp de base d'Ama Dablam, pour cartographier le flanc ouest dévasté par une énorme vidange de lac glaciaire en 1977.

C'est la haute saison pour les alpinistes. Nous nous installons dans un camp surpeuplé. Les « toilettes » obligatoires nous rendent tous malades, ralentissant le travail sur le terrain. À peu près remis, nous décidons de fuir au plus vite et nous nous dirigeons de l'autre côté d'Ama Dablam, vers le village de Chukhung. Les parois de la montagne sont tapissées de glaciers suspendus, les complexes morainiques dispersés. Le site est peu étudié. La dernière vidange de lac glaciaire date d'avant les premières images satellites de 1962. Nous observons avec inquiétude ce système fragile.

Nous campons à 5 200 mètres. Le mont Everest nous domine de toute sa noble majesté. Pour lui, j'ai retrouvé mes réflexes d'enfant et me réveille le plus tôt possible pour le voir accueillir la lumière des premiers rayons de soleil.

L'automne penche vers l'hiver. Il fait de plus en plus froid. La montagne nous signale que nous devons prendre le chemin du retour.

J'emporte pour toujours la beauté indicible de ces paysages. Mais, dix ans plus tard, c'est le visage du vieux berger qui me revient le plus souvent, comme une icône de la fonte des glaciers de montagne.

Étrange paradoxe. L'espèce humaine n'a jamais existé sans glaciers. Sa survie est liée à celle de la glace sur Terre. Pour la plupart des gens, ce n'est qu'une affirmation théorique. Pour d'autres, c'est un tsunami dévastateur qui surgit un jour comme un autre. Pour la plupart, la perte de la glace sur terre est un problème lointain et à long terme. Pour certains, c'est un événement inévitable.

Sommes-nous tous en sursis ?

GROENLAND
SS
KAN_L
S6
KAN_M
S9
Kangerlussuaq
Nuuk

6

La calotte polaire : Groenland

À mon retour, je reçois une autre proposition impossible à refuser. Celle de mon baptême du feu en tant que jeune étudiante en glaciologie : une expédition sur la calotte polaire du Groenland.

C'est ainsi que je me retrouve, en mai 2011, à débarquer d'un avion d'Air Greenland, sur le tarmac de Kangerlussuaq à l'ouest de la plus grande île au monde, avec Sam Doyle, mon coéquipier dans l'Himalaya, un professeur de glaciologie de l'université d'Aberystwyth, et deux scientifiques suédois de l'université d'Uppsala. Devant nous, la perspective d'une expédition d'un mois, sur le Russell Glacier Catchment, un morceau de la calotte glaciaire à 1 000 mètres d'altitude.

Ancienne base aérienne américaine pendant la Seconde Guerre mondiale, Kangerlussuaq est la plaque tournante du trafic aérien du Groenland et le point de départ de la plupart des expéditions scientifiques bien que sa population n'atteigne pas six cents personnes.

Notre séjour est consacré à la préparation du matériel, en particulier des panneaux solaires. Je bricole, tant bien que mal, en compagnie de Sam, monte une tente dans le salon de KISS

(Kangerlussuaq International Science Support) pour en prévoir l'organisation dans les moindres détails.

Le chargement du matériel, motoneige comprise, dans les petits avions Twin Otter est une affaire au moins aussi compliquée que l'organisation d'un coffre de départ en vacances d'une famille nombreuse ! Trois vols sont nécessaires pour déposer équipe et matériel sur le glacier. Quand c'est enfin mon tour de monter dans l'avion, je ne décolle plus du hublot.

La voici donc, la plus grande calotte polaire de l'hémisphère Nord. Non pas une étendue calme et blanche, mais des champs de crevasses à perte de vue, des replis, des tertres, des élévations et des creux. Un paysage boursouflé, tourmenté, un désert de glace piétiné par des géants.

Je suis si impressionnée que j'oublie mes appréhensions. Une rencontre avec deux trekkeurs au KISS m'avait effrayée. Ils ont eu à affronter une soudaine chute de température. Toutes leurs paires de gants enfilées les unes sur les autres n'ont pas empêché leurs doigts de geler complètement.

— Bienvenue en enfer, lance Sam, à l'atterrissage.

Je l'ignore encore, mais je m'apprête à vivre la plus dure expédition de ma vie, ma plus horrible expérience du froid.

Nous avons à étudier le chemin de l'eau de fonte dans cette partie ouest de la calotte groenlandaise. L'eau liquide est, pour la glace, un élément perturbateur. Cette glace, qui s'écoule lentement du point le plus haut de l'île vers l'océan, peut soudainement accélérer si sa base est lubrifiée par la présence d'eau de fonte. En rejoignant la mer, elle augmente son niveau.

Le Groenland contient ainsi assez de glace pour augmenter le niveau des océans de 6 à 7 mètres. Partout sur Terre.

C'est pourquoi il est si important de comprendre ce phénomène. Et cela en installant des GPS, en contrôlant les stations météo existantes, en enterrant des sismomètres, et enfin, *last but not least*, en arpentant les plus grandes étendues possibles pour chercher au radar ces lacs de fonte sous la calotte polaire et déterminer leurs contours.

Les températures sont si anormalement basses que les autres instituts polaires évacuent leurs staffs des stations scientifiques, mais comme nous venons de débarquer avec nos petites tentes, et qu'un vol en Twin Otter coûte un bras, il n'est pas question de repartir.

Il est prévu que nous nous installions sur un site utilisé auparavant par notre chef d'expédition. Pour le moment, il nous faut retrouver les caisses de nourriture, l'hovercraft utilisé les années précédentes, sous des mètres et des mètres de neige. Des jours de pelletage.

Je commence à soupçonner qu'un glaciologue sur le terrain passe le plus clair de son temps une pelle à la main. Au moins, l'activité entretient la chaleur corporelle.

Quand je me glisse, enfin, dans mon sac de couchage, sous la tente que je partage avec ma collègue suédoise, je fixe avec angoisse le mini-thermomètre que nous avons accroché au-dessus de nos têtes. Nuit après nuit, nous le voyons descendre. - 35 °C, - 40 °C… - 45 °C. À l'intérieur de la tente.

Ne pas se laisser aller… Nos souffles se cristallisent, chaque geste est pénible, tout notre corps fait mal. Nous vivons dans la crainte des gelures. Et surtout mon sac de couchage et ma combinaison de ski étaient prévus pour affronter une température « normale », d'environ - 20 °C, pas du double. Le soleil de minuit, un constant demi-jour orangé, s'allie avec le froid pour chasser le sommeil. Nous tremblons. Nous nous extrayons avec mille peines de nos sacs englués de givre, pour aller courir autour du camp, espérant que le sang se remette à circuler. Des picotements douloureux ne nous réchauffent pas. Dormir se réduit à une somnolence pénible.

Le pelletage achevé – ah ! ce plaisir intense de découvrir chocolat et alcool dans les caisses –, il faut se concentrer sur le travail de collecte de données. Les instruments sont aussi sensibles que nous, parfois. Le caoutchouc cède, le plastique se fend, les petites vis échappent à nos mains. Le temps si précieux, si coûteux se gaspille en réparations multiples. L'ambiance dans l'équipe devient électrique.

J'ai à peine vingt-trois ans, c'est ma première expédition. Je n'ouvre pas la bouche, j'accepte tout ce que l'on me demande.

La décision est prise de concentrer la mission exclusivement sur la détection des lacs sous-glaciaires. Pour cela, des câbles de fibre optique longs de 200 mètres sont attachés à la motoneige et tirés à faible vitesse. Ce « radar » fait maison fonctionne comme un sonar, en envoyant des ondes radio à partir desquelles on mesure l'épaisseur de la glace et détecte tout ce qui n'est pas fait de glace solide. Outre le conducteur, le second opérateur, en charge de l'ordinateur qui enregistre les données, s'assoit sur un petit traîneau à une centaine de mètres de la motoneige. Cette position est redoutable. Aucun moyen de bouger, de s'abriter, de conserver un peu de chaleur. Ce sera mon job.

Une junior ne refuse rien : je ne proteste pas. J'ai froid. Je le tais. Je fais des squats fébrilement pour ne pas tomber en hypothermie. Je boxe contre le vent qui me poignarde. À l'onglée succède des gelures. Mes ongles de main et de pied se décollent. Je les fais tenir, le soir, avec du scotch. Ma peau est tailladée et aucune plaie ne se referme. Nul n'est censé m'en plaindre : n'est-ce pas *le métier qui rentre ?* Pourtant le froid est un danger mortel, le ressentir dans ces températures extrêmes, une alerte sérieuse. Pourquoi personne n'en parle ?

Les expéditions radar servent également à mesurer les densités de neige et de glace, à détecter les moindres changements de pente ou de texture. Il faut passer parfois par des champs de glace crevassés de gouffres terrifiants. Il est indispensable de manœuvrer délicatement, une boule de peur au ventre. Marche ou tombe. « Les données collectées sont excellentes », se réjouit notre chef.

J'apprends aussi tout le reste : placer des sismomètres, relever les GPS, réparer les stations météorologiques et, par la même occasion, comprendre qu'après le pelletage de neige le glaciologue consacre l'autre partie de son énergie à creuser des trous dans la glace. Creuser, creuser, creuser. Toujours plus vite.

Les jours passent. L'ambiance dans l'équipe est de plus en plus lourde. La brutalité du management érode la confiance mutuelle, les injonctions abruptes minent la confiance personnelle. Nous sommes au bout du rouleau. Cela fait presque deux semaines que la glaciologue suédoise est partie avec l'avion de ravitaillement depuis que notre chef d'expédition a menacé de la jeter dans une crevasse après une dispute. Je reste la seule femme. Je dois tenir deux fois, comme femme et comme junior. Tenir, c'est ne jamais protester, ne pas montrer un signe de faiblesse, hésiter, refuser. Même devant un terrain trop dangereux. Même si le froid affaiblit les forces physiques.

On me crie dessus, puisque je suis toute désignée pour être ce maillon faible qui marque suivant la maxime le seuil de résistance de l'équipe.

La fatigue s'accroît de cette tension presque hystérique, de cette exigence scientifique confinant à l'hubris, au déni absolu de la fragilité humaine. Nous agissons en robots parce qu'on nous demande d'agir en robots.

Je n'ai pas alors la force d'y réfléchir.

Il y aura la dernière course. Remballer le camp et rallier la base DYE-2 où nous attend le petit Twin Otter qui nous ramènera enfin à Kangerlussuaq. Trente-six heures nous séparent du point de rendez-vous avec l'avion. Nous décidons de donner un ultime coup de collier. Plus de camp, plus de sommeil. Nous avancerons en bons petits soldats de la glaciologie.

Mon autre collègue suédois et moi formons l'arrière-garde et collectons, en progressant vers le lieu de rendez-vous, les ultimes données radar. Trente-six heures sans dormir, à foncer droit dans le blanc sans repère sur le scooter des neiges, en chantant, en hurlant pour ne pas nous laisser glisser dans l'inconscience. Trente-six heures de vigilance où le temps ne s'écoule pas. Trente-six heures de froid intense, à souffrir de coupures aux mains, de nos ongles morts que le scotch ne parvient plus à coller à nos doigts.

Soudain, dans ce vide, un point infime s'incruste à l'horizon. Nous avons atteint ce stade de mal-être physique, d'épuisement extrême où nous n'arrivons même plus à imaginer que ce que nous sommes en train de subir puisse cesser.

Pourtant, ce point insiste. Il croît, il se précise en une vision si étrange que c'est comme un mirage, un dôme qui rappelle les illustrations du livre des *Mille et Une Nuits* de mes dix ans.

Est-ce un fracas perceptible à travers ma stupéfaction, et malgré le bruit du scooter et du vent, ou une prescience du danger qui me fait tourner, à ce moment, la tête en arrière ?

Un énorme avion militaire s'apprête à se poser derrière nous.

Je pense, *un Hercules*. Je distingue avec une terrible acuité ses trains d'atterrissage, le clignotement rouge de ses feux. Je hurle, comme l'on hurle dans un demi-rêve quand on se dit qu'on va se réveiller pour échapper à ce qui se passe. N'est-ce pas une hallucination causée par la fatigue ?

Mon collègue effectue un virage serré alors que les roues de l'avion touchent terre en soulevant des tourbillons de neige dans un vrombissement assourdissant. Éberlués, nous le contemplons achever tranquillement sa course non loin du dôme qui n'est pas non plus un mirage, mais bien notre point de rendez-vous, la station DYE-2.

Oui, rien n'est un rêve. L'Hercules a bien atterri, et devant nous, dans ce désert glacé, un nulle part de vent et de glace, s'élève un bâtiment surmonté d'une coupole en métal, qui de près ressemble moins à une rêverie orientale qu'à un décor de science-fiction vaguement gore.

Dans les années cinquante, les Américains étaient persuadés de l'imminence d'une attaque nucléaire russe. La DEW Line[1] constituée de cinquante-huit stations radar fut construite sur plus de 5 000 kilomètres, de l'Alaska au Groenland. Ses systèmes d'alerte étaient censés détecter le moindre mouvement

1. *DEW Line : Distant Early Warning Line.*

du plus petit missile soviétique. La chute du mur de Berlin et l'évolution des technologies accélérèrent l'obsolescence de cet ouvrage démesuré. Les stations furent abandonnées au début des années quatre-vingt-dix.

Mais le site de l'époque est toujours utilisé par l'USAF pour entraîner ses pilotes à atterrir sur la neige et la glace.

C'est donc fini. Le Twin Otter nous attend. Je ne me souviens de rien d'autre que sa chaleur, que de la sécurité de sa carlingue. Je m'endors immédiatement.

À Kangerlussuaq, dans un brouillard de fatigue, nous déchargeons l'équipement sur le tarmac chauffé par le soleil. Et je m'endors à même le sol, entre deux colis.

Et j'ai tous mes doigts de pied et de main. Rien à regretter ? Pour le moment, je ne veux penser à rien, un seul désir m'anime : rentrer chez moi.

Au-delà de ce baptême du feu par la glace, nous avons prouvé l'existence de nombreux lacs sous cette région de la calotte polaire.

Depuis notre expédition, les progrès scientifiques ont montré que le Groenland perd aujourd'hui six fois plus de glace qu'il y a quarante ans. Notamment à cause de l'eau liquide qui accélère le mouvement de la glace vers l'océan. Aujourd'hui, c'est le Groenland, parmi toutes les masses glacées sur Terre, qui contribue le plus à l'élévation du niveau des océans. De nombreux scientifiques pensent que nous nous approchons dangereusement du point de bascule de la calotte polaire. Qu'au-delà d'une hausse de température égale ou supérieure à 2 °C, sa fonte risque de la faire « dégonfler » comme un ballon de baudruche, de lui faire perdre tellement d'altitude que ses glaces se retrouveront dans des couches d'air plus basses, et plus chaudes. Trop chaudes.

Un cercle vicieux inarrêtable qui pourra, dans le pire des cas, raboter nos traits de côte, noyer d'eau salée nos aquifères trop proches de l'océan, et forcer le déplacement de centaines de millions de personnes sur Terre.

Notre avenir sera décidé par les glaces du Groenland.

7

Revenir au Svalbard

Oui, il y a cette beauté hors du monde et l'énergie que ce lieu singulier me transmet. Oui, il y a cette addiction aux mondes polaires. Oui, il y a les copains au Svalbard. Oui, il y a ma passion pour l'étude scientifique et la compréhension des phénomènes de dynamique de la glace.

Il y a, par-dessus tout, la volonté et le désir de participer aux travaux qui modélisent le changement climatique car j'ai le sentiment d'une urgence de plus en plus pressante.

À 1 000 kilomètres du pôle Nord, le Svalbard est l'épicentre du réchauffement[1]. Ici on ne parle pas de + 2 ou + 3 °C d'ici la fin du siècle, mais bien de + 7 à + 10 °C[2] (voire + 20 °C en hiver). Il est vital pour envisager l'avenir de comprendre les processus de la fonte de la glace, là, sous nos yeux, à une rapidité inconcevable à l'échelle de temps de la glaciologie classique. C'est à l'époque, pour la plupart de mes pairs et

1. L'Arctique se réchauffe trois fois plus vite que le reste de la planète, le Svalbard se réchauffe six à sept fois plus vite.

2. https ://www.miljodirektoratet.no/globalassets/publikasjoner/M1242/M1242.pdf

de mes professeurs, un extraordinaire défi scientifique *avant* d'être une terrifiante échéance de l'histoire humaine.

En octobre 2011, je retrouve le petit aéroport de Longyearbyen avec l'impression d'un retour à la maison. Après une sélection drastique, j'ai décroché un poste de doctorante à l'UNIS pour quatre ans. Le rêve absolu.

J'entre sans transition dans la nuit polaire sans ignorer que les idées noires ne sont pas qu'une métaphore : la déprime naît spontanément de l'obscurité. Pour y remédier, j'anticipe des balades à la pleine lune, dont l'opalescence reflétée par la glace et la neige, recrée une lumière magique, d'argent et d'étain, qui fait oublier le soleil.

Mais, à ma grande surprise, cette année-là au Spitzberg, il ne neige pas. Il pleut. Des jours et des jours d'affilée. Une pluie lourde, abondante. Il pleut. Puis, il gèle. Les routes sont recouvertes d'une épaisseur de dix à quinze centimètres de glace lisse extrêmement glissante. Le matin, pour aller rejoindre mon bureau, je chausse les crampons d'alpinisme qui me servent à marcher sur les glaciers.

Je n'irai pas me promener à la pleine lune.

Au cours de ces quatre années de doctorat, j'ai vu des glissements de terrain traverser les routes de Longyearbyen, des inondations former de véritables lacs entre les bâtiments. J'ai vu des hivers sans banquise. Des étés sans le moindre névé sur les montagnes autour de la ville. Des glaciers reculer de centaines de mètres en quelques mois.

Le fjord Isfjorden, littéralement fjord de glace, était il y a quinze ans à peine pris de glace pendant les mois d'hiver, il est désormais baigné d'eaux libres et sombres toute l'année. J'ai subi des tempêtes inédites au printemps, des températures très douces en hiver. J'ai entendu de plus en plus fréquemment le fracas de fin de monde du vêlage* des icebergs, vu mes amis évacués de leurs appartements qui menaçaient de s'effondrer à cause du dégel du permafrost.

En 2011, tous ces phénomènes étaient déjà constatés et enregistrés comme des conséquences directes de la hausse des températures liée aux activités humaines. L'urgence était déjà perceptible dans la voix de mes professeurs.

Les manifestations d'un dérèglement climatique ne sont plus des projections ou des modifications statistiques : j'en suis la témoin, ici et maintenant. Je ressens dans ma chair que désormais le climat n'obéit plus aux définitions apprises. L'hiver était caractérisé par de longues périodes de froid plus ou moins intenses, coupées de quelques brefs épisodes de radoucissement des températures. Ce n'est plus vrai. Le système s'est inversé.

Nous ne savons pas prédire exactement ce qui va se passer. Mais nous pouvons comprendre pourquoi et comment.

Mais c'est bien loin l'Arctique, le Svalbard, la banquise et les icebergs. J'en prends conscience quand je retourne en France pour les fêtes de Noël. Si je ne me heurte pas au scepticisme ou au déni, c'est pour affronter une indifférence diffuse :

« En quoi la météo de ton Svalbard dont je n'avais jamais entendu parler joue-t-elle un rôle ici ? »

« Quel rapport avec cet automne trop doux ? Ces quinze jours de gel en avril et l'augmentation du prix des cerises ? »

« OK, il y a des canicules, mais je me souviens qu'en 1976... Tu sais, mon grand-père disait déjà, en 1920, qu'il n'y avait plus de saisons ! »

« L'Arctique se réchauffe plus vite qu'ailleurs ? Je veux bien te croire, mais franchement je m'en fous un peu. Ta passion des régions polaires, du froid, de la glace, très bien, mais moi, les glaciers, j'en ai pas vu. »

En d'autres termes : « Je vis dans un autre monde, un autre climat : celui des quatre saisons. »

En grec ancien, le mot climat a d'abord signifié *le lieu où on est* avant de prendre l'acception que nous connaissons. Ce sens premier du mot climat me fascine. Oui, nous pensons spontanément être d'un lieu, d'une région, d'un climat particulier, une petite place du monde que nous imaginons à part. Notre écosystème, nous le concevons comme une île, isolé.

Notre région, notre *petit* climat, le lieu d'où je parle, ne sont que le produit d'un nombre infini de causes, de forces, de mouvements qui mettent en jeu la planète entière et la couche gazeuse qui l'entoure et qui ne cessent jamais de l'influencer.

Notre véritable *climat*, le lieu d'où nous sommes, est cette planète Terre avec son atmosphère, l'endroit qui est habitable pour nous, humains.

Personne ne peut s'extraire de cette globalité ni se soustraire aux multiples interactions de l'eau, de l'air, des vents.

L'Arctique a tout à voir avec les cerises gelées du Limousin ou la baisse du niveau d'une rivière *chez nous*...

Voici comment.

L'Arctique est la région qui entoure le pôle Nord, à l'intérieur et aux alentours immédiats du cercle polaire arctique. C'est essentiellement un océan gelé en partie – la banquise – entouré de terres, îles ou archipels (dont le Svalbard), recouverts en grande partie de glaciers et de permafrost.

Comment cette immense surface glacée de 21 millions de kilomètres carrés est-elle connectée à nos quatre saisons ? Comment assure-t-elle la stabilité de nos climats dans l'hémisphère Nord – donc de nos cycles végétaux, de notre mode de vie, de nos civilisations ? À quoi ça nous « sert », l'Arctique ?

Essayons de prendre de la hauteur.

L'atmosphère de la Terre est constamment parcourue de courants d'air ultra-rapides (*jet streams* en anglais, courants-jets ou jet-streams en français), situés à une dizaine de kilomètres de la surface terrestre et circulant d'ouest en est, suivant le sens de la rotation de la Terre. Ils se forment par la rencontre d'air froid venant des pôles et d'air chaud venant de l'équateur et des tropiques : la forte différence thermique contraint l'air à circuler à l'horizontale, créant un déplacement d'air continuel sur une trajectoire relativement stable. Les avions ainsi que certains oiseaux migrateurs utilisent ces couloirs, d'ouest en est, pour économiser leur énergie.

Le courant-jet polaire peut ainsi être représenté comme un ruban circulaire de vents violents de haute altitude, se déplaçant à peu près parallèlement au cercle polaire arctique.

Quand les températures de l'Arctique sont assez basses, l'air qu'il émet est froid, le jet-stream polaire circule régulièrement : le ruban est bien tendu. Quand les températures arctiques augmentent, que la quantité de glace diminue, le front d'air froid polaire présente moins de contraste avec l'air chaud venu des tropiques. Le ruban ondule, oscille, présente des méandres. Or chaque décalage du ruban a des conséquences immédiates sur la météo un peu plus au sud. Ces boucles piègent des masses d'air, chaud ou froid, et sont à l'origine d'événements météo non seulement extrêmes, mais de longue durée dans l'hémisphère Nord, à Annecy, San Francisco ou dans n'importe quel secteur du Saskatchewan ou de Ligurie.

Une fonction essentielle du courant-jet polaire est le maintien des vortex polaires, une dépression avec des vents très froids formés pendant la nuit polaire, situés très haut, à la limite de la troposphère et de la stratosphère, et qui tournent autour de l'Arctique, d'est en ouest, à une altitude supérieure à celle du courant-jet. Si celui-ci est déformé, parce que la différence des températures s'amenuise entre le nord et le sud, il ne parvient plus à contenir le vortex au-dessus des régions polaires. Le vortex s'étire et provoque de violentes vagues de froid dans des régions qui n'en connaissaient pas comme, en février 2021, au Texas, dans une zone de climat subtropical ou, maintenant, alors que j'écris, en décembre 2022, sur une grande partie des USA, avec des températures descendant sous les - 45 °C ressentis. Phénomènes qui font malheureusement des dizaines de victimes.

La régularité du courant-jet polaire est l'une des clés de la stabilité du climat de l'hémisphère Nord. C'est lui qui assure les moyennes saisonnières, les précipitations et, à partir de là, l'organisation de notre agriculture, la régularité des récoltes.

Notre quotidien, notre avenir, notre monde.

Bien que le sujet soit encore débattu par la communauté scientifique, l'hésitation s'estompe peu à peu sur le lien entre les événements extrêmes observés en France (canicules, grands froids, inondations) et la perte de glace en Arctique. Ces phénomènes météorologiques extrêmes sont particulièrement importants à comprendre car, bien que temporaires, ce sont eux qui, à force de répétition, brisent une économie et donc une société. En touchant d'abord les plus vulnérables, celles et ceux qui ont le moins contribué à accentuer la crise climatique.

Nous ne sommes clairement pas adaptés aux événements météorologiques extrêmes d'aujourd'hui, alors qu'en sera-t-il demain, dans un an, dans dix ans, si nous continuons à émettre toujours plus de gaz à effet de serre dans l'atmosphère ?

8

La glace fond

La glace : cristal blanc, bleu, lumière.

La glace énigmatique, seul élément solide moins dense que sous sa forme liquide, l'eau.

La glace des glaciers et des calottes polaires, résultat de l'accumulation d'un nombre infini d'anciennes, très anciennes, chutes de neige, compactées, gelées, congelées. Elle forme un matériau à la fois dur et visqueux constitué de cristaux étoilés ou hexagonaux aux formes complexes. Lorsqu'elle disparaît, le niveau de nos océans monte ; et s'en vont avec elle nos principales réserves d'eau douce sur Terre.

La glace de la banquise, constituée d'eau salée, gelant à - 1,85 °C, monde flottant à la surface des océans polaires, et qui stabilise notre climat global.

La glace, une matière que les encyclopédies pointent comme le minéral le plus répandu sur la Terre.

La « matière glace », paradoxe de la dureté fragile.

La glace, à laquelle, je ne me lasse pas de le dire, l'existence humaine a partie liée, la glace partout sur Terre est en train de fondre et de plus en plus vite.

Le pire, dans tout cela, c'est que la fonte de la glace… accélère la fonte de la glace.

De l'espace, les zones polaires, neige, calottes polaires, glaciers, se présentent comme une immense tache blanche qui recouvre 10 % des terres émergées. Quant à la banquise, c'est en moyenne 7 % des océans.

Le blanc a comme propriété de réfléchir et de renvoyer les rayons lumineux vers l'extérieur.

La neige fraîche renvoie ainsi dans l'atmosphère 95 % des rayonnements solaires[1]. Sans l'Arctique et l'Antarctique, gigantesques miroirs naturels qui nous protègent de l'ardeur du soleil, la Terre nous serait inhabitable.

Longtemps l'Arctique fut ce sanctuaire immaculé, stabilisateur de notre climat européen, nord-américain et asiatique. C'est terminé.

En quarante ans, 40 % de la surface de banquise arctique a été perdue. D'ores et déjà, il est trop tard pour sauver le peu de banquise qu'il nous reste en été. Le point de bascule a été franchi. Certes, chaque hiver, la banquise se reforme, plus ou moins, mais elle devient une banquise de saison. Elle n'a plus le temps de vieillir comme avant. La « vieille banquise », plus épaisse, plus blanche, celle qui détient un pouvoir de réflexion des rayons solaires bien plus important que la glace de mer de saison, s'amoindrit inexorablement depuis des années. Là aussi, ce « rajeunissement » se traduit par une activation de la fonte.

Car ces étendues de mer libre, mais aussi sur terre, ces roches, dégagées par la fonte des glaciers, présentent désormais une surface sombre, qui absorbe efficacement la chaleur solaire, la

1. Cette quantité de lumière solaire réfléchie par une surface est donnée par une valeur physique, l'albédo. Une surface parfaitement blanche a un albédo de 100 %, une surface noire de 0 %. Les océans ont par exemple un albédo de 5 à 10 %, la glace d'environ 60 %. https ://www.cnrs.fr/cw/dossiers/dosclim/contenu/alternative/alter_etape1_4.html

diffuse dans l'océan et dans le sol et réchauffe par en dessous la banquise et les glaciers de marée. Des rigoles et des couloirs de fonte, précipitent une eau de moins en moins froide à travers le « matériau glace ». Les crevasses s'élargissent, des puits s'effondrent, les parois se désagrègent d'abord lentement, puis, à partir d'un point de rupture, avec une brutale violence. Des cathédrales, des gratte-ciel, des surfaces équivalentes à Singapour ou Manhattan, se détachent de leur glacier et sombrent dans un fracas de 11 Septembre.

Ces énormes icebergs naviguent des semaines et des mois, en se dissolvant dans la mer.

La mer à la couleur obscure qui absorbe le rayonnement solaire...

Le processus entier n'en finit pas de commencer, de finir et de recommencer. Le cercle vicieux tourne de plus en plus vite.

Quant au permafrost qui couvre 25 % de l'hémisphère Nord, son dégel relâche d'énormes quantités de CO_2 et de méthane. Il dégèle à cause de nos activités et de l'augmentation des températures. Et son dégel accélère encore plus sa propre fonte. Si nous dépassons les 2 °C de réchauffement, le permafrost pourrait émettre autant de gaz à effet de serre que l'Union européenne d'ici la fin du siècle, pendant au moins cent cinquante à deux cents ans. L'impact sur les populations locales et autochtones en Arctique est clair : 66 % des infrastructures arctiques sont construites sur du permafrost. Des villages entiers doivent aujourd'hui être déplacés sous peine de disparaître avec l'affaissement du sol à cause du dégel du permafrost. Les scientifiques parlent d'un géant endormi que nous sommes en train de réveiller à coups de klaxon.

Il n'est plus nécessaire d'être un scientifique spécialisé dans le climat ou l'étude des glaciers pour se rendre compte des changements en Arctique. Dans certaines régions du Groenland, la glace a complètement disparu, elle est devenue de *l'Histoire.*

La banquise qui servait de congélateur naturel autour du Spitzberg disparaît *à vue d'œil.* Ce n'est pas une image. C'est une réalité.

En étudiant le glacier de Trient sur un siècle et demi, pour mon premier mémoire de licence, j'avais été profondément choquée par la vitesse à laquelle un glacier répond à une hausse des températures. Je retrouve ce phénomène très amplifié dans le monde polaire.

Nos modèles numériques ont jusqu'à maintenant largement sous-estimé la sensibilité de l'Arctique au réchauffement. Notre science n'avance pas assez vite face à la rapidité des changements. Ce que nous pensions voir dans soixante-dix à quatre-vingts ans est déjà là. Le scénario « du pire des cas » est en marche.

Nous pensions être des scientifiques du temps long. Brutalement, nous sommes engagés dans une course contre la montre : aucun glaciologue n'est préparé à la disparition des glaciers.

L'humanité, non plus.

9

Comment l'on devient docteur

Ce sentiment d'urgence était déjà partagé, il y a douze ans, par tous, au sein d'UNIS, étudiants, professeurs, doctorants. Étudier à l'épicentre du réchauffement climatique renforce un sentiment de responsabilité que nous n'aurions probablement pas avec la même acuité dans un autre environnement. Ici, le glacier le plus proche est à moins de 2 kilomètres de nos laboratoires. D'année en année, nous constations son amoindrissement. Au premier printemps de mon doctorat, en 2012, il n'y avait pas de banquise dans les fjords alors qu'ils auraient dû en être remplis. Cette année-là, nous n'irons pas en scooter des neiges étudier des glaciers plus lointains.

Ma thèse porte sur la dynamique des surges glaciaires. Les surges sont des avancées très rapides et brutales d'un glacier. Les glaciers s'écoulent tous sous leur propre poids, plus (quelques mètres par jour) ou moins (quelques millimètres) rapidement, mais ils maintiennent leur vitesse sur des siècles. Les glaciers qui surgent sont les trublions, dérogeant à la règle. Leur comportement « bipolaire » interroge notre communauté depuis toujours. Ils peuvent passer d'un écoulement très lent, une quasi-hibernation, à une vitesse de 30 à 50 mètres par jour pendant plusieurs années. Jusqu'ici la théorie voulait que les surges soient engendrées par un trop-plein de glace. Que le glacier, après quelques hivers trop enneigés, peu satisfait de son embonpoint, force une accélération qui aura l'effet d'un régime express. Jusqu'ici, les surges étaient le signe d'hivers froids et de neige abondante. Les conditions parfaites pour les glaciers. Mais comment expliquer maintenant alors que le Svalbard se réchauffe six à sept fois plus vite que le reste de la planète, que les glaciers fondent toujours un peu plus, que nous ayons des records annuels du nombre de surges ? Petit à petit nous comprenons que le changement climatique peut lui aussi forcer les glaciers à changer de comportement et ainsi perdre encore plus de poids. Ils deviennent de plus en plus pentus, fondant plus vite à basse altitude qu'au sommet des montagnes. Cette pente entre le haut du glacier et son front étire le glacier comme un accordéon, formant des crevasses toujours plus profondes qui l'entaillent cruellement. L'eau, qui peut maintenant tomber du ciel toute l'année, et la fonte de sa propre glace s'infiltrent dans ces crevasses, forçant l'accélération du glacier, poussant sa glace à des altitudes trop basses, ou carrément dans l'océan. Certains glaciers ne s'en remettront pas. Ils perdront 80 % de leur masse à la suite de la surge. Un volume impossible à regagner sous un climat qui se réchauffe aussi vite.

Les surges obsèdent les glaciologues car nous sommes aujourd'hui encore incapables de les prévoir, ni d'en scénariser la magnitude ou son impact. Cette connaissance incomplète nous empêche de prendre en compte l'attitude de ces glaciers lors de nos prévisions de hausse du niveau des mers. Certes, seuls 1 à 2 % des 200 000 glaciers de notre planète semblent pouvoir produire des surges, mais ils suffisent largement à changer la donne. La surge d'un seul glacier au Svalbard, et pas des moindres, a produit autant d'icebergs que la totalité des glaciers de marée de l'archipel dans le même laps de temps. La science est une quête perpétuelle vers de nouvelles réponses. Et aujourd'hui, à chaque avancée, nous découvrons que la crise climatique est encore plus prononcée que nous ne le pensions.

Les glaciologues ne sont pas les seuls à s'intéresser aux icebergs des glaciers du Svalbard. Les deux principaux sponsors des recherches en glaciologie à l'université étaient, à l'époque, deux sociétés pétrolières et gazières internationales implantées dans la mer de Barents. Ces compagnies se méfient des icebergs qui dérivent et frôlent parfois d'un peu trop près leurs plates-formes offshore… Parce que des expéditions sur le terrain dans des conditions extrêmes sont indispensables et que la collecte de données exige un matériel complexe, du personnel et des expéditions longues, les recherches glaciologiques polaires se chiffrent en millions de couronnes norvégiennes. Sans ce financement, nos recherches n'auraient jamais pu aller aussi loin. En Norvège, le secteur privé se doit de participer à la recherche publique. Cela ne se discute pas. De son point de vue, évaluer les conséquences de la fonte des glaces sur son activité lui permet de calculer les primes d'assurances, d'ajuster les prix de revient du baril. Mais il s'agit aussi de faire preuve de préoccupations environnementales. On tutoie assez vite le *greenwashing*.

En 1995, le deuxième rapport du GIEC considérait que l'évolution récente et rapide du climat n'était vraisemblablement pas d'origine naturelle.

Dix-neuf ans plus tard, l'avant-dernière année de mon doctorat, en 2014, le cinquième rapport d'évaluation du GIEC concluait formellement que le dioxyde de carbone ou CO_2, issu des combustibles fossiles, jouait un rôle majeur parmi les émissions de gaz à effet de serre et qu'il était à lui seul directement responsable – avec d'autres gaz d'origine industrielle et agricole, comme le méthane et le dioxyde d'azote – du réchauffement climatique.

Il a fallu vingt ans pour aboutir à cette certitude. Depuis cette date, il n'y a plus AUCUN doute.

Par conséquent, la décarbonation est le composant essentiel des stratégies d'atténuation du réchauffement climatique.

Décarbonation à laquelle les compagnies d'extraction de gaz et de pétrole, toujours à l'affût de nouveaux gisements, ont évidemment du mal à se résigner…

Comment penser cette contradiction ? Cette déconnexion entre les intérêts des uns et des autres, comment la surmonter ? Comment sortir de ce conflit ? Je commence à pressentir que la recherche pure ne suffit plus.

Notre rôle, à nous scientifiques qui travaillons sur le climat, est de comprendre les mécanismes déclenchés par la hausse des températures, de les modéliser pour établir des projections et d'élaborer des scénarios possibles à dix, vingt, cinquante, cent ans.

Nous ne sommes ni des politiques ni des lobbyistes, mais de ces experts qui présentent leurs conclusions aux organisations internationales et aux gouvernements afin que ceux-ci prennent des décisions éclairées, idéalement détachées des intérêts économiques immédiats. Le GIEC, Groupe d'experts intergouvernemental sur l'évolution du climat, est composé de 195 pays, de trois Groupes de travail et d'une Task Force qui réunissent des experts du climat et compilent les dernières études sur le réchauffement climatique et ses conséquences. Le

GIEC a été créé en 1988 à l'initiative de Margaret Thatcher et Ronald Reagan, justement pour faciliter les interactions, toujours complexes, entre science et politique.

Donc, à intervalles réguliers, des milliers de scientifiques compilent les rapports sur l'état de la science sur le dérèglement climatique. Lesquels sont ensuite distribués aux États membres, et mis en ligne pour le grand public. Mais, en fait, les rapports du GIEC sont presque impossibles à lire dans leur intégralité, non seulement à cause de leur niveau scientifique, mais aussi parce que leur volume excède les 5 000 pages (le dernier en date, en trois volumes, compte presque 7 500 pages).

À partir du « rapport technique » sont composés deux types de résumés. Les « résumés techniques », purement scientifiques, et les « résumés pour décideurs ». Ces derniers sont rédigés à la fois par les scientifiques et par les équipes de négociateurs du climat[1]. Chaque mot, chaque virgule est débattue, jusqu'à obtenir un résumé accepté par tous les pays membres, quitte à parfois diluer franchement le message scientifique.

Mais j'insiste : le travail scientifique technique réalisé en amont n'est en rien influencé par la politique. Même sans faire de recommandations, le travail scientifique est là pour que les projets politiques s'élaborent sur les données et les projections les plus solides.

Quand je m'engage dans l'étude des surges glaciaires, je n'ai pas d'autre objectif que d'apporter ma petite pierre à l'état des

1. Les négociateurs du climat représentent leur propre pays lors des réunions internationales sur le climat. Ils sont scientifiques, mais aussi parfois diplomates, ou encore avocats. Ils défendent l'agenda de leur pays sur les questions climatiques. La ligne suivie par les négociateurs dépend, dans la plupart des cas, de la politique mise en place dans leur pays. Certains ont des objectifs ambitieux pour la réduction des gaz à effet de serre alors que d'autres n'hésitent pas à mettre des bâtons dans les roues des négociations.

connaissances sur la cryosphère. Les scientifiques communiquent *d'abord* aux scientifiques et pour la science en elle-même.

Comment ça se passe ? Comment « fait-on » cette science ?

Une fois le champ de recherche défini avec mes superviseurs, sont déterminés les lieux d'étude, c'est-à-dire, dans le cas des surges, les glaciers raisonnablement accessibles (voilà pourquoi le Svalbard est le paradis des glaciologues, c'est l'endroit sur terre où on trouve la plus haute densité de glaciers qui surgent), puis d'autres plus lointains (pour moi, en Himalaya et en Alaska).

Je définis à l'avance toutes les données à collecter, pour monter les expéditions (ou la collecte d'informations par images satellites pour les zones en dehors du Svalbard) qui me permettront de mieux comprendre le phénomène des surges.

UNIS possède un département spécial qui est quelque chose comme l'Ikea de la recherche polaire, ou sa caverne d'Ali Baba. Dans des hangars, tout ce qui est nécessaire au travail sur le terrain – du plus puissant scooter des neiges au plus sensible des capteurs, de la tente aux panneaux solaires, de la corde aux composants électriques, de la nourriture lyophilisée aux ordinateurs de terrain, de la station GPS à des centaines de pièces (tubes, tiges, molettes, tarières) des plus imposantes aux plus minuscules –, tout ce que le glaciologue peut rêver d'avoir pour son Noël se trouve à sa disposition, rangé, ordonné, classé avec une précision entomologique.

Une campagne de mesures et de prélèvements d'un glacier ressemble à la démarche médicale puisqu'il s'agit de prendre les « constantes » du patient afin de poser un diagnostic. En particulier, son rythme cardiaque, soit sa vitesse. En lieu et place d'un électro-encéphalogramme, le glaciologue plante des antennes GPS qui enregistrent au millimètre près ses formes et sa rapidité d'écoulement. Il faudra forer un trou profond au Karcher, l'eau sous pression faisant fondre la neige, pour prendre sa température « corporelle » avec des thermomètres à haute précision. Et revenir à intervalles réguliers pour observer son comportement.

Une autre « constante » est bien sûr l'évaluation du « poids » du patient et la mesure de son épaisseur.

Puis, suivant les recherches entreprises, on prélèvera des échantillons de neige et de glace, on suivra au radar les couloirs de fonte, etc.

Poser et récupérer les capteurs, en particulier à l'intérieur des moulins, dans des grottes et des tunnels de glace, relève de l'exploit – et il n'est pas moins beau parce qu'il est utile.

L'emploi du temps sur le terrain est strictement défini, mais chaque expédition ressemble à une course contre la montre : le mauvais temps, les pannes de matériel, les problèmes de connexion, les blessures… tout incident dérisoire à - 10 °C tourne vite au désastre à - 35 °C.

Un an, dix-huit mois, ou trois, quatre ans seront ensuite nécessaires pour exploiter les données recueillies, analyser les résultats, les interpréter en s'appuyant sur les travaux précédents, se confronter à d'autres recherches et rédiger un premier jet de l'article destiné à être publié dans une revue scientifique spécialisée dans le domaine d'expertise de l'auteur. Ce texte sera lu et vérifié ligne à ligne par des « réviseurs » anonymes, experts dans ce domaine, qui ont accès à toutes les données de travail.

Dans un monde idéal, les expériences devraient être reproduites dans leur totalité. En fait, les réviseurs ne sont pas payés pour ce travail, ils sont eux-mêmes professeurs ou chercheurs et ne disposent que de peu de temps pour lire et contrôler les travaux qui leur sont soumis. Fort heureusement, la science s'ouvre vite à l'*open access*[1], de quoi accélérer la validation des données au-delà de la publication des travaux.

Ma thèse paraît en octobre 2015, étoffée d'articles publiés dans le *Journal of Glaciology* et le *Journal of Geophysical Research*, après la soutenance à Longyearbyen – UNIS dépend de l'université d'Oslo. Les membres de mon jury, mes *opponents*, sont si heureux d'avoir l'occasion de venir au Svalbard pour quelques jours !

La soutenance proprement dite dure une journée entière, en public, dans le « petit » amphithéâtre tout en bois et cuivres astiqués. L'assistance et le jury sont comme tous les jours en chaussettes et chaussons. (Au Svalbard, enlever ses chaussures, les déposer sur l'étagère réservée à cet effet sont les deux premiers gestes de celui qui entre à l'intérieur d'un bâtiment. Tradition datant de l'époque minière.) Ce grand moment d'intronisation, cette consécration de mes études, va se dérouler dans une humeur joyeuse et une simplicité bon enfant qui ne manquent pas d'étonner un peu les amis et parents français qui ont fait le déplacement pour me soutenir.

— Pas trop stressé pour le grand jour ? ai-je lancé à mon superviseur, le professeur Doug Benn.

Nous éclatons de rire ensemble.

La petite Heïdi a oublié son trac, elle présente ses travaux d'une voix ferme, répond pendant une heure et demie aux questions du jury et, dans la foulée, donne son premier cours

1. L'*open access* (ou accès libre) en science est un mouvement qui vise à rendre les résultats de la recherche scientifique accessibles à tous, gratuitement et sans restriction. Cela signifie que les articles de recherche, les études, les thèses et d'autres documents scientifiques sont publiés en ligne et peuvent être lus, téléchargés et utilisés librement par tous, sans avoir à payer des frais d'abonnement ou d'accès.

sur l'élévation du niveau des océans. Elle ne voit pas filer ces heures où elle expose les travaux qui l'obsèdent depuis quatre ans à raison de soixante heures par semaine ! Elle se sent entourée de confiance et d'approbation : les professeurs ne sont pas là pour amoindrir ou humilier, mais pour faire progresser leur discipline. La petite fille des Alpes rayonne de fierté et de la joie d'être reconnue capable d'apporter sa pierre bien taillée à l'édifice de la glaciologie.

Le soir, après le dîner officiel à l'université, nous sortons pour assister au feu d'artifice prévu en clôture des festivités. Je suis à côté de ma grand-mère, qui, à quatre-vingt-onze ans, a fait le long voyage depuis Annecy. Nous nous tenons par la main et avançons avec prudence sur l'esplanade couverte de neige, la nuit polaire est illuminée d'aurores boréales. Ma grand-mère contemple, muette de stupeur et d'émerveillement, ces flux verts, roses, mauves balayant le ciel d'immenses rayonnements silencieux. Je me souviens combien, la toute première fois, ce phénomène sidère le spectateur, tant il semble révéler un monde hors de portée de nos perceptions. Au fond, je crois qu'on ne s'habitue jamais...

Je me tiens à la frontière entre mon passé et mon avenir, j'ai accompli ce que j'ai désiré si intensément, et il me semble que, par ce spectacle prodigieux, l'univers me répond et m'approuve.

Ma grand-mère lève la tête vers moi. Elle me sourit. Je sais qu'elle est contente de moi. Mon cœur déborde lorsqu'elle me chuchote : « Merci, Heïdi, merci, ma puce. »

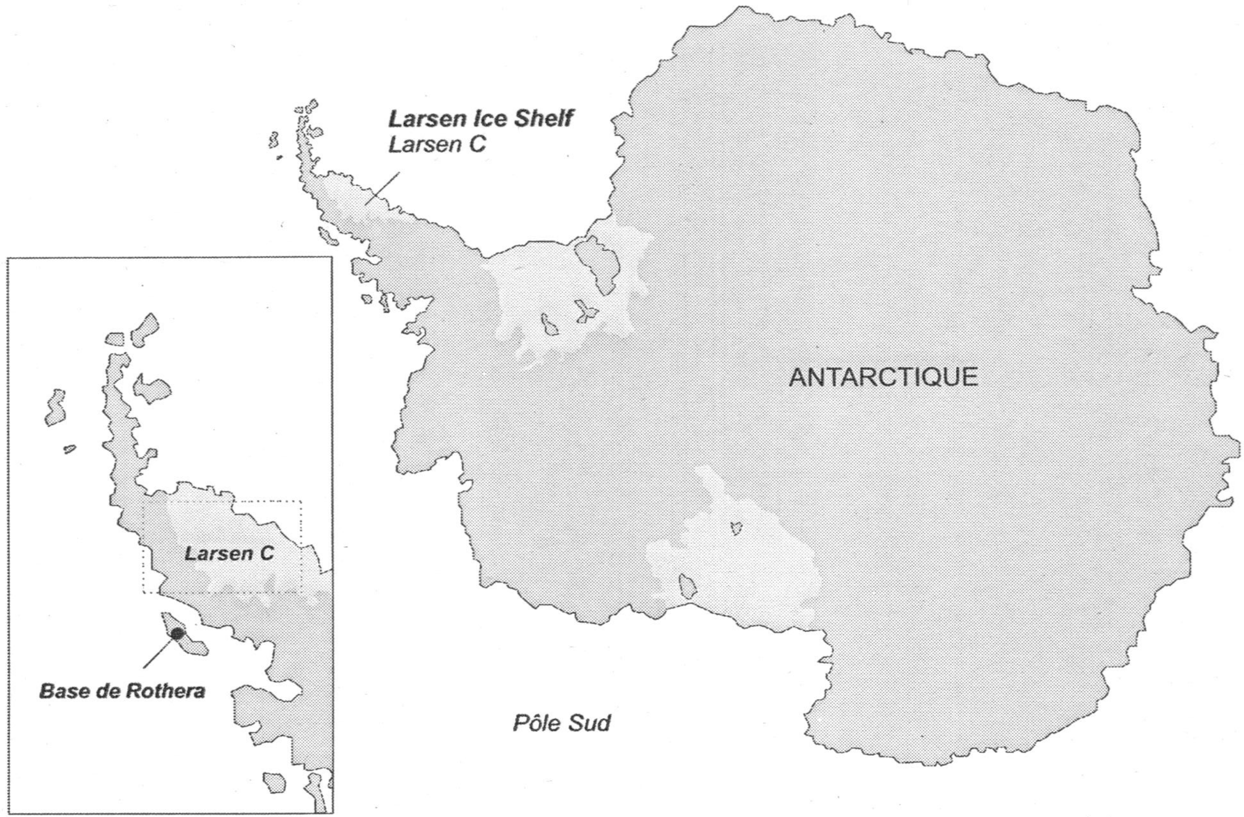
Larsen Ice Shelf
Larsen C
ANTARCTIQUE
Larsen C
Base de Rothera
Pôle Sud

10

Le voyage de ma vie

Trois jours plus tard, je monte en pleurant dans l'avion pour Tromsø. À ce moment-là, je pars moins pour un immense voyage que je ne quitte « ma terre du Milieu », mon Svalbard, mes amis, cette espèce de famille que je me suis construite, ces paysages et cette lumière avec qui j'ai conclu une alliance, ma jeunesse, les années les plus folles, pensais-je, de mon existence, celles de la découverte, celles où j'ai été le plus heureuse ! Je suis quelqu'un qui ne craint pas le bonheur, je l'ai trouvé ici, et je crois à ce moment-là que je ne reviendrais plus, et c'est pourquoi j'ai bien du mal à refouler mes larmes.

Alors pourquoi partir ?

Quelques mois auparavant, mon ancienne université d'Aberystwyth m'avait contactée. Une expédition galloise était montée sur la barrière de glace* du Larsen C[1], en Antarctique. La première campagne avait eu lieu. Mais l'un des deux chefs de projets ne souhaitait pas repartir pour la seconde.

— Tu en penses quoi, Heïdi ?

1. La barrière de Larsen se trouve sur la côte orientale de la péninsule Antarctique, soit la portion la plus au nord du continent.

L'Antarctique ! Mes souvenirs de lectures adolescentes ont afflué : Charcot, Shackleton, Scott et Amundsen, tout l'âge d'or de l'exploration héroïque ! Par-dessus tout, le Graal de tous les glaciologues : l'Antarctique et sa calotte polaire ! Vingt-trois fois la taille de la France, le continent le plus froid, le plus haut, le plus sec. J'en rêvais, évidemment. J'avais deviné que connaissant bien les techniques de terrain je tiendrais là-bas le rôle d'un couteau suisse. L'équipe comprend cinq scientifiques et deux guides sous l'égide de la BAS (British Antarctic Survey), l'organisme britannique de recherche qui opère dans les régions polaires. Deux mois de disponibilité, dont six semaines de camping sur la barrière de Larsen C.

J'ai dit oui, bien sûr. Même au prix du chagrin de m'arracher à mon cher Svalbard plus tôt que je ne l'avais envisagé.

De Tromsø à Oslo, d'Oslo à Londres, de Londres à Santiago du Chili, de Santiago à Puerto Montt, la porte d'entrée de la Patagonie chilienne, de Puerto Montt à Punta Arenas, tout au sud du continent, point de départ mythique des expéditions australes. 17 500 kilomètres en trois jours. Pas de temps pour récupérer du décalage horaire.

Le lendemain de notre arrivée à Punta Arenas, la météo est assez bonne pour que le dernier vol, à bord d'un Dash 7, opéré par la British Antarctic Survey, décolle pour Rothera, la base anglaise située à proximité de la péninsule Antarctique, sur l'île Adélaïde. Heïdi est le diminutif d'Adélaïde, je n'ai pas le temps d'y lire un heureux présage.

Je passe le vol collée au hublot, ces cinq heures de voyage me projettent dans un autre monde.

Dire que la petite fille des Alpes croyait avoir tout compris des montagnes et des régions polaires ! Elle n'imaginait pas l'ampleur du changement d'échelle de l'Arctique à l'Antarctique.

Des glaciers, des sommets à perte de vue. Infiniment. Des Alpes et des Himalaya se succédant pendant des heures. Des plaines blanches plus vastes que le regard. Une terre vide inarpentable, un lieu de prodiges inhumains, comme des abysses à l'envers et offertes au jour. Et ce n'est que la péninsule du continent... Le choc est intense.

Nous volons. Nous regardons. Mon cerveau s'épuise à absorber cette réalité. J'ai besoin de temps pour me persuader que ce n'est pas un rêve. Que cette terre existe réellement sur notre planète.

— On se rassoit !

La voix du pilote m'arrache à la sidération.

— Attachez vos ceintures. Nous arrivons.

Nous cherchons dans ce blanc les hangars, antennes, containers et infrastructures habituelles. Rien, sinon des monticules recouverts d'une neige épaisse. Rothera accueille une vingtaine d'hivernants et jusqu'à 250 personnes en été. Cette année-là, notre petit groupe est le premier à rallier la base après l'hiver. Enfin, mon regard accroche une ligne droite à travers un plat immaculé. La piste.

Le froid me cueille brutalement en descendant l'échelle de l'avion. Je vacille. Je perds pied comme un nageur novice jeté inopinément dans le grand bain. De cette expédition, je suis la seule à ne pas avoir une expérience de l'Antarctique. Avec une belle patience, mes compagnons, mesurant ce que cela signifie, vont m'aider à passer le cap.

Rothera, située juste en dessous du cercle polaire, a été construite à partir de 1975. J'ai une semaine pour apprendre à me repérer entre les nombreux bâtiments, parallélépipèdes peints en vert olive sur pilotis : lieux de vie et d'hébergement, laboratoires, bureaux, cantine, réserves de vivres, infirmerie, salle de sport, ateliers de réparation, hangar à bateaux et avions, entrepôts de matériel. Mais aussi réserves de fuel et de carburants, stations électriques, containers. La petite OPS Tour peinte en jaune fait office de point de repère visuel…

Rothera est une maison loin de la maison, très loin.

Ici, et c'est une révélation, le maître mot est l'autonomie. Les conditions météo peuvent se dégrader très brutalement ; la base peut être coupée du monde pendant des jours et des jours. Les outils et le matériel que l'on nous met à disposition ont l'air de sortir d'un musée consacré aux grandes explorations du XIXe ou du début du XXe siècle. Nos traîneaux sont les mêmes que ceux d'Amundsen, nos tentes, à la toile très épaisse, semblables à celles de Scott.

En Arctique, les instruments, l'équipement, tout est très récent, équipé de l'électronique la plus sophistiquée, des appareils les plus délicats. En cas de casse, il suffit de rentrer à l'université. Ici, il faudra réparer par soi-même, l'efficacité prime. Je prends conscience que ce qui tombe en panne, et nous laisse impuissants, c'est ce qui est moderne. Par exemple, la remorque tirée par le scooter des neiges. Au Svalbard, toutes les pièces sont métalliques, ça coûte extrêmement cher et ça casse tout le temps. Pour réparer, il faut sans arrêt des nouvelles pièces que l'on doit importer par avion ou par bateau. Impossible de faire de la soudure sur le terrain. En Antarctique, la remorque est en bois, sans aucun clou ni vis mais avec des cordelettes.

Tout est réparable. Apprendre de nouveaux savoir-faire, trouver des solutions, l'autonomie est le premier enseignement que je tire de l'Antarctique.

En outre, les assistants de terrain nous apprennent à allumer le vieux réchaud sous tente sans la brûler, à emballer nos *P bags* – sacs de couchage –, à tendre des cordes d'escalade entre les tentes de nos futurs campements, afin de ne pas se perdre en cas de tempête, et surtout à approfondir nos compétences en matière de sauvetage en crevasse – dont la barrière du Larsen C est minée.

Cette semaine passe comme un rêve malgré la froideur des hivernants à l'arrivée de nouveaux venus un peu trop civilisés. Nous profitons de nos derniers jours au chaud, nourris par un chef cuisinier. À Rothera on mange toutes les deux heures. Puisque la règle est de prendre du poids avant de partir en expédition, autant que ce soit joyeux !

Un jour est consacré à une randonnée facile aux abords immédiats de Rothera : des icebergs prodigieux comme des villes fantômes s'apprêtent à prendre le large au dégel, quelques manchots méditent au bord de l'océan Austral, les montagnes sont parfois bleues ou noires ou blanches ou tout ensemble et les nuages aussi.

Voilà. C'est l'heure, c'est le jour : *go* ! De petits Twin Otter en rotation nous déposent, hommes et matériel, sur le site choisi comme lieu de camp et d'exploration. Je découvre que je suis seule avec la pilote, Vicky. J'apprends aussi que selon les règles de la BAS, toute personne est censée devenir copilote lorsque le pilote est occupé à remplir ses documents de vol. Vicky me passe donc les commandes, l'ombre de l'avion se projette sur la chaîne transantarctique, les hélices ronronnent. Et c'est moi qui… pendant vingt minutes… est cramponnée au manche… je ruisselle… je ne respire plus. Je l'ai fait !

De l'autre côté des montagnes, un espace uni, blanc, scintillant, aveuglant, sans bornes. Le Larsen C. Quelque part dans ce nulle part, un point sombre se précise au fur et à mesure que nous nous approchons en descendant : les traîneaux et le matériel déposés lors de la première rotation. Reste à installer le camp : monter les tentes, mettre en place les panneaux solaires (j'ai quasiment fait brûler notre tente mess en utilisant des câbles mal soudés de l'expédition précédente), les antennes radio, les instruments mais aussi creuser des trous pour les toilettes ou faire fondre de la neige pour avoir de l'eau. Les premiers jours sont remplis d'une activité incessante, jamais assez efficace ni rapide. Il ne faut pas perdre de vue que par - 25 °C, tout prend un temps fou. Rien que se lever, chauffer le porridge du petit déjeuner, s'habiller en accumulant des couches de vêtements sur d'autres vêtements peut prendre trois heures…

Notre équipe est réduite et divisée en trois groupes : le professeur Bryn Hubbard et le Dr Dave Ashmore qui se consacrent au forage de la glace et à l'installation de capteurs, la Dr Susanne Bevan, le Dr Adam Booth et moi-même qui travaillons essentiellement sur le radar. Enfin nos deux guides, Al Davies et Bradley Morrell, qui s'occupent de la logistique.

Le ciel est clair, le soleil brille, l'organisation rigoureuse et l'équipe solidaire. Nous nous entendons remarquablement bien, savons partager expériences, connaissances et doutes. Et lorsqu'au bout de la première semaine, un matin, je n'arrive plus à me lever, abattue par la migraine et mes vieilles douleurs de dos, fauchée par un mini burn-out, ma défection est accueillie avec une merveilleuse bienveillance.

Mon arrière grand-mère Pauline Tupin sur la Mer de Glace en 1916.

Le chalet de ma grand-mère à la Clusaz, années 60.

Premiers pas sur les glaciers du Svalbard
avec ma camarade de classe Rachel.

Ascension au dessus de Nordenskiölbreen, Svalbard, 2008.

Exploration du glacier Nordenskiöldbreen, Svalbard, 2008.

Le barrage morainique de Dig Tscho au Népal, 4 300 m, 2010.

Le berger de Yacks qui a échappé de peu à la vidange
du lac glaciaire de Dig Tscho, Népal, 2010.

Réveil avec les bébés yacks près de Dig Tscho, Népal, 2010.

Première ascension à 5 000 m d'altitude pour étudier les GLOFs au pied de l'Ama Dablam, Népal, 2010.

Toute une équipe de jeunes et futurs glaciologues pour étudier les GLOFs au Népal, posant fièrement devant le Mt Everest, Lhotse, et l'Ama Dablam. De Gauche à droite : Pippa, Sam, moi et Matt, 2010.

Premières nuits fraiches sur la calotte du Groenland, par -45°C, 2011.

Préparation des GPS à installer sur la calotte polaire du Groenland afin de mesurer la vitesse d'écoulement de la glace, avec Sam, 2011.

À la recherche de « super moulins » à la tombée de la nuit, Groenland, 2011.

Collecte des données radar sur l'horizon infini de la calotte polaire du Groenland, 2011.

De retour au Svalbard pour mon doctorat, étude du glacier Kronebreen sous les lumières du mois de Septembre 2012.

Enseigner au Svalbard c'est passer plus de temps sur le terrain que dans une salle de classe, sous le glacier Rabotbreen, 2013.

Premières observations d'une nouvelle surge glaciaire avec Jukka et Doug. Le glacier a commencé à avancer sur la plage, qu'il recouvrera complètement l'année suivante. Wahlenbergbreen, 2013.

Les trésors des glaciers su Svalbard: découverte d'une immense grotte dans Rabotbreen, 2013.

Descente dans le moulin de Austre Broggerbreen près de Ny Ålesund, Svalbard, afin de préparer le terrain de mes étudiants, 2013.

Récupération d'appareils photos Time Lapse autour de Kronebreen, afin d'étudier la dynamique de vêlage d'icebergs, Septembre 2013.

Vol en twin Otter avec Vicky en direction du Larsen C just au niveau du passage des montagnes trans-Antarctiques. 2015.

Premier aperçu du Larsen C et de notre petit campement, Antarctique, 2015.

Atterissage imminent sur le Larsen C, Antarctique, 2015.

Coucher de soleil sur le camp du Larsen C, posé sur une glace flottante de 800 m d'épaisseur. Antarctique, 2015.

Toute l'équipe sur le pont pour installer nos instruments dans l'épaisseur du Larsen C, Antarctique, 2015.

À la maison, dans la petite tente « Scott » que je partageais avec Suzanne, Antarctique, 2015.

Université de St Andrews en Écosse.

Première expédition sur les glaciers de Colombie
avec le glaciologue Jorge Luis Ceballos, 2019.

Photo de famille avec toute l'équipe du projet Cumbres Blancas, des
gardes du parc national de El Cocuy O Guican, 2019.

Installation de nouveaux appareils time-lapse au dessus du glacier Conejeras, Colombie, 2021.

Vérification d'un appareil time-lapse devant El Concavo, Sierra Nevada de El Cocuy o Guican, Colombie, 2021.

Une rare journée sans vent, sous le soleil du Svalbard, à l'approche de Svea Gruva, avec mon équipe Climate Sentinels, 2021.

Descente sur le mythique Van Keulenfjorden, Climate Sentinels, Svalbard, 2021.

La cabane de Bamsebu où on hiverné, à deux reprises, Hilde et Sunniva du projet Hearts in the Ice, Climate Sentinels, Svalbard, 2021.

Les exploratrices polaires Hilde et Sunniva de Hearts in the Ice, 2021.

Échantillonnage et mesures de la densité de la neige avec mon équipe de Climate Sentinels, Svalbard, 2021.

Dernière traversée sur la banquise le long de Narthorstbreen, Van Keulenfjorden, Svalbard, 2021.

Derniers kilomètres de l'expédition Climate Sentinels vers 1h du matin, Svalbard, 2021.

L'importance de la communcation scientifique, EGU, Vienne.

Mesure de la taille d'un iceberg dans le Scoresby Sund, Est Groenland, Éte 2022.

Coucher de soleil et palette d'icebergs flottants dans le Scoresby Sund, Est Groenland, 2022.

— Dors. Prends le temps qu'il faudra.

Certes le voyage, le travail, le froid m'ont fatiguée, mais aussi la démesure de l'Antarctique, la force écrasante de ses paysages, sa beauté hors de l'humain.

S'ajoutent à l'épuisement de mes réserves mentales nos découvertes sur le terrain.

11

Le Larsen C

Nous sommes venus étudier la structure d'une barrière de glace épaisse en moyenne de 800 mètres au niveau de notre premier camp. Elle se présente comme une tranche napolitaine constituée de trois couches principales : une fine pellicule de neige en surface, puis en dessous la glace venue de la terre, dite *continentale*, qui, par la force de la gravité, est lentement descendue, s'est étirée en flottant sur l'océan, et cette eau de mer qui gèle en profondeur – la glace sous-marine – et se colle en dessous de la glace *continentale.* Nos capteurs enregistrent nettement les flux et reflux de la marée sous la barrière, et nos tentes montent et descendent sensiblement.

Sur quatre sites différents, nous avons foré des trous d'une centaine de mètres. Des lampes LED et une caméra nous ont donné des images de l'intérieur de la barrière, nous avons posé des centaines de sismomètres qui permettent de surveiller la propagation d'ondes de choc à travers la glace.

Et, sur des centaines et des centaines de kilomètres, nous avons promené les antennes d'un radar pour mieux connaître la composition de la glace, son épaisseur, sa température.

Les mesures s'accumulent avec une facilité déconcertante. Les instruments ne se cassent pas, le temps est froid mais presque toujours beau. Au fil des semaines, alors que l'été austral s'avance, les températures montent. Nos mesures sont excellentes, nous les entrons dans les ordinateurs.

Sur l'écran du radar, alors que nous essayons de comprendre la structure interne de la barrière, s'affichent d'étranges figures allongées. On dirait de longs serpents. Ou des saucisses. Ou des boudins. Oui, c'est cela, des boudins de 1 kilomètre de long environ. Des dizaines, des centaines de boudins énigmatiques au cœur de ce mur de glace flottant multimillénaire.

Après de longues délibérations, nous concluons que ces boudins contiennent de l'eau. Ou plutôt c'est de l'eau. Des lacs d'eau à l'intérieur de la glace.

Comme un enquêteur reconstituant le déroulement des faits à partir d'une scène de crime, nous remontons le temps.

Chaque été, les eaux de fonte constituent des lacs à la surface de la barrière. Goutte à goutte, l'eau de ces lacs percole à l'intérieur, s'instille. Elle agit à l'intérieur comme une source de chaleur, accélère à ses entours immédiats la fonte de la glace.

Plus chaud est l'été, moins froid est l'hiver, plus nombreux et étendus sont les lacs de fonte, plus importante est la quantité d'eau se faufilant dans la matière – la chair – de la barrière de glace.

Un jour, pendant la seconde ou la troisième semaine, au milieu d'une campagne de prélèvements, la température chute en quelques minutes. Al, inquiet, nous enjoint de regagner le camp. À peine avons-nous fini de sécuriser ce qui pouvait l'être et gagné nos tentes qu'une tempête monstrueuse s'abat. Pendant cinq jours, nous sommes emprisonnés dans le rugissement du blizzard, le mugissement sans trêve qui fait penser à celui d'une bête monstrueuse, le loup gigantesque des contes qui viendrait souffler sous la porte, ébranler les murs, nous débusquer dans notre fragilité.

Alors, on écoute de la musique. Mais même la playlist de pop anglaise, que m'avait concoctée mon meilleur ami Yann, finit par perdre de son charme. Avec un casque anti-bruit, on parvient à lire. Mais, à la quatrième lecture, la biographie de Gengis Khan me fait l'effet d'une bluette soporifique. Dans notre tente de 4 mètres carrés, on s'essaye à des étirements, du yoga, de la méditation. On prend des notes. On bavarde, on épuise vannes et *gimmicks*, on se tait. On se décide à sortir en s'accrochant aux cordes. On revient épuisés. On dort, on ne dort pas, on ne sait plus. On puise dans les réserves de *jelly beans*, de barres aux céréales et au chocolat. On attend.

Le cinquième jour, le silence soudain. La bête a abandonné la partie. La tempête s'est arrêtée, comme si elle était un rêve et que l'on venait de s'éveiller.

Je me jette hors de la tente.

Le ciel est clair. À perte de vue, la neige brille, toute neuve et brillante dans la lumière revenue. Que c'est beau. Debout sur le Larsen C, dans ce renouveau d'après le blizzard, j'aimerais croire que ce paysage est inaltérable. Qu'il durera aussi longtemps que son existence passée. Un instant, je ferme les yeux, je revois les boudins d'eau dans sa chair, comme autant de métastases, programmées à proliférer sans remède.

Ce corps de la barrière de glace est au mieux celui d'un cancéreux au stade 4.

Ou celui d'un fruit, dévoré de l'intérieur par une colonie de vers.

Debout sur le Larsen C, dans ce paysage sublime qu'en quelques semaines de travail je me suis mise à aimer comme j'aime les montagnes de mon village, je sens mon cœur se briser.

À part mon émotion personnelle, ce qu'il se passe est au-delà du dramatique.

L'Antarctique est un continent d'une superficie d'environ 14 millions de kilomètres carrés (à titre de comparaison, l'Europe s'étend sur 10,5 millions de kilomètres carrés), recouvert d'une couche de glace, la calotte polaire antarctique, d'une épaisseur moyenne de 1,6 kilomètre. C'est donc comme un *glacier* gigantesque, le plus grand de la Terre. On appelle *inlandsis* une masse de glace dont la surface dépasse 50 000 kilomètres carrés. Comme tous les glaciers, l'inlandsis antarctique est en mouvement et, dans son cas, en direction vers l'océan Austral. En Antarctique, cette dynamique est contenue par trois cents barrières de glace plus ou moins grandes, dont le Larsen C, au sud de la péninsule Antarctique. Les trois quarts des côtes antarctiques sont au contact de barrières de glace. Comme le bouchon d'une bouteille de champagne, qui empêche le champagne sous pression de sortir violemment de la bouteille, les barrières de glace stabilisent la calotte polaire tout entière en ralentissant l'écoulement de la glace continentale.

Si ces barrières disparaissaient, si le bouchon de la bouteille de champagne sautait, c'est toute la masse de glace qu'elles retiennent qui accélérerait sa course vers l'océan. D'énormes quantités de glace de terre rejoindraient l'océan Austral, se désintégreraient en icebergs et fondraient peu à peu, élevant dramatiquement le niveau des océans sur la planète entière.

Dans l'hypothèse où l'ensemble de la calotte du pôle Sud, l'*inlandsis* antarctique, se désintégrerait de la sorte, le niveau des océans augmenterait de 58 mètres en moyenne partout sur Terre, bouleversant nos frontières, nos économies. Le monde, tel que nous le connaissons, disparaîtrait.

Aujourd'hui 700 millions de personnes habitent entre 0 et 10 mètres d'altitude sur nos littoraux. On y trouve les mégalopoles les plus densément peuplées, des activités économiques en ébullition permanente.

Au figuré, « barrière » ne signifie pas qu'obstacle ou empêchement, mais aussi protection. Nous vivons à l'abri des *barrières* de l'Antarctique.

Revenons à la barrière du Larsen.

En 1893, Carl Anton Larsen est, à vingt-trois ans, le capitaine du *Jason*, un navire d'exploration polaire, parti en mission autour de la péninsule Antarctique. Il est le premier à longer pendant plusieurs semaines la barrière de glace qui comble les baies de la côte. C'est en mémoire de ce Norvégien aux yeux très clairs, qui survivra à un naufrage et un hivernage, que les cartographes ont donné son nom à la barrière découverte lors de sa première expédition antarctique. Le Larsen a été divisé ultérieurement en segments voisins, du nord au sud, A, B et C correspondant chacun à des baies distinctes. La portion C est la plus vaste.

Le Larsen A s'est effondré en 1995. Le Larsen B a vêlé de nombreux icebergs cette même année et s'est disloqué définitivement en janvier 2002. Cet effondrement s'est produit en quelques semaines.

Depuis cette date, nous savons deux choses avec certitude. D'abord qu'une barrière de 3 250 kilomètres carrés, la superficie du département du Rhône, peut se désintégrer *d'un mois à l'autre*. C'est ce qui s'est passé en 2002. Mais aussi qu'une fois engloutie dans la mer c'est fini, la glace ne se reconstituera pas. Les températures de l'océan ont déjà trop augmenté sous le coup du changement climatique pour que les barrières puissent se reformer.

En l'été austral 2015, debout sur le Larsen C, pourri par l'infiltration de ces lacs d'eau de fonte, je sais donc, avec une certitude absolue, que le processus de sa décomposition est enclenché. Peut-être prendra-t-il plus de temps que nous le croyons, un siècle au lieu d'une décennie, ou au contraire sera beaucoup plus rapide que nos modèles le projettent, mais il aura lieu.

Lorsque nous étions sur le terrain, nous gardions le contact avec notre base arrière restée au Royaume-Uni qui, loin de nos camps, à l'est du Larsen C côté océan, observait l'avancée d'une prodigieuse crevasse, un « rift » par images satellites.

Des images invraisemblables ont été filmées, prises d'un avion de la BAS, remontant la faille sur toute sa longueur. D'abord telle une ligne infime qui serait tracée distraitement sur une page blanche, mais une page de plusieurs centaines de kilomètres de long. Puis, au fur et à mesure que l'avion descendait, la crevasse se révélait large et profonde, de plus ou moins 400 mètres, surplombée de falaises immaculées, irradiant de bleus cristallins.

En juillet 2017, la faille atteint l'océan, des milliers de fissures se rejoignent, et la barrière vêle le plus grand iceberg jamais mesuré, d'une superficie de 5 800 kilomètres carrés, long de 170 kilomètres, l'équivalent de l'État du Delaware ou deux fois le Luxembourg. Dûment baptisé A-68[1], il entame une lente dérive.

Le choc du vêlage avait accru l'anxiété des glaciologues : le Larsen C tiendrait-il le choc après la perte d'une si grande partie de sa surface ? Oui, heureusement.

En revanche, la fonte progressive de l'iceberg a levé d'autres interrogations. La libération de ces tonnes de litres d'eau douce

1. Suivant les règles de la nomenclature mise au point par le National Ice Center, l'organisme américain de surveillance des glaces flottantes.

ne contribue pas à l'élévation des eaux (puisque la barrière de glace est *déjà* dans la mer, le danger, à terme, provient des glaciers de terre qui sont en amont des barrières flottantes), mais à une modification des températures de l'océan et de la salinité autour de l'Antarctique.

Or ce qui se passe en Antarctique ne reste pas en Antarctique.

La mer et l'atmosphère échangent constamment de l'eau, des gaz, de la chaleur. Ces échanges sont à l'origine des courants.

Les courants marins sont comme des fleuves circulant à l'intérieur des océans, certains à la surface, d'autres dans la profondeur des mers. Les courants de surface sont influencés par les vents et la force de Coriolis, c'est-à-dire la force induite par la rotation de la Terre. Suivant leur position sur le globe, éloignés ou non de l'équateur, ils sont froids ou chauds. Ainsi le Gulf Stream apporte une partie de la chaleur accumulée dans le golfe du Mexique vers l'Europe, adoucissant son climat. Le courant autour de l'Antarctique, brassant les eaux de l'Atlantique, du Pacifique et de l'Océan, est le plus puissant de la planète.

Plus une eau est froide et salée plus elle est dense, plus elle plonge profondément sous les courants de surface et forme les courants profonds. Les uns et les autres effectuent autour des mers et océans une boucle circulante, une sorte de tapis roulant global sous-marin, que l'on appelle la circulation thermohaline. Il faut au moins un millier d'années à une goutte d'eau pour faire le tour de la terre.

Deux pompes actionnent ce perpétuel mouvement des eaux. D'une part, l'air et l'eau froids abaissent la température des eaux venues de l'équateur, d'autre part la formation de la banquise rejette du sel ce qui alourdit encore plus ces eaux refroidies. Plus denses, elles tombent vers le fond de l'océan. Ce sont ces écarts de températures et de salinité qui produisent en grande partie cette colossale circulation sous-marine suivant des circuits immuables.

Connecté à quatre océans, le courant circumpolaire antarctique a un rôle majeur dans la circulation sous-marine et donc la régulation du climat mondial.

Or la perte de la banquise et la grande arrivée d'eau douce, c'est-à-dire moins salée, provenant de la fonte des glaciers et barrières de glace des régions polaires, en modifiant la température et la salinité, déstabilisent et ralentissent le *tapis roulant* des courants qui régule les courants rattachés au Gulf Stream[1]. Au-delà, la remontée d'eau chaude vers les zones froides accélère la fonte des glaces et provoque des anomalies thermiques – modifiant les écosystèmes marins et terrestres.

Le chavirement d'immenses icebergs, l'effacement de ces pays d'eau douce dans l'océan salé préparent le nouveau climat mondial.

1. « Notre » Gulf Stream est en effet très sensible aux changements de température, de salinité et de densité de l'eau. Les données scientifiques semblent montrer que le Gulf Stream ralentit, affaibli par l'adoucissement des océans polaires et de leur réchauffement. Et si le Gulf Stream s'arrête ou s'inverse ? Plutôt que de nous amener des eaux chaudes le long de la côte ouest de la France, baignant notre pays dans des conditions tempérées toute l'année, nous risquons au contraire d'avoir des températures plus froides et moins de précipitations. Mais dans l'immédiat soyons clairs, malgré le ralentissement du Gulf Stream, pour l'instant il faut plus craindre les conséquences du réchauffement qu'une nouvelle glaciation en France.

12

À la croisée des chemins

Un jour de mai 2016, je me trouve dans le bureau de mon superviseur, à l'université de Saint Andrews, en Écosse.

À mon retour de l'Antarctique, alors qu'il s'apprêtait à rentrer dans sa prestigieuse *alma mater*, il m'a poussée à y postuler un poste d'enseignante-chercheuse. « Il faut que tu montes un dossier de candidature, évidemment. Il y aura des entretiens, mais il est quasi certain que tu seras choisie. »

Tout à l'heure, l'épreuve finale a eu lieu. À mon avis, cela s'est mal passé, j'ai été davantage interrogée sur des détails ultra spécifiques à l'université écossaise que sur la glaciologie, je n'ai pas su garder le contrôle de l'entretien. Je crois deviner ce que mon superviseur va me reprocher. Il me semble déjà entendre les mots qu'il va prononcer.

Pourtant, je ne parviens pas à me concentrer. Par la belle fenêtre à encadrement de pierre, j'aperçois un bout de ciel gris. L'université, fondée au XVe siècle, est pareille à un immense château, posée sur de somptueuses pelouses ourlées de buissons taillés avec un soin méticuleux. Le village voisin avec ses parfaites petites maisons anciennes, dans un cercle d'adorables petites collines vertes, semble sorti d'un décor de film.

Je ne m'y sens pas à l'aise. Ma chère petite université du Spitzberg, ses glaciers tout proches, la décontraction de la vie quotidienne, me manquent tout à coup à en pleurer.

— Bon, Heïdi, tu n'as pas le poste.

Évidemment. Pas vraiment une surprise, mais l'échec fait toujours mal. Et puis Saint Andrews, outre l'indépendance financière, m'offrait de nouveaux challenges : me confronter à une nouvelle sorte d'inconnus, une autre sociabilité, d'autres exigences. Je les souhaitais tout en les redoutant.

Mon professeur se penche au-dessus de son bureau, me regarde droit dans les yeux.

— Je vais être franc avec toi. Tu ne devais pas l'avoir. Cela fait un an qu'on travaille avec quelqu'un… c'est lui qui est pris.

Il m'aurait giflée directement que je n'aurais pas été plus éberluée.

— Ton entretien était parfait.

— Ce n'est pas que j'ai ressenti.

— Si. Écoute, j'ai une autre proposition à te faire. Un an de post-doc. Tu approfondis ta thèse, tu traites les données que tu n'as pas eu le temps de traiter, tu…

— Non.

Mon cœur bat si fort que j'ai bêtement peur qu'il l'entende. Je répète « Non ». Je suis humiliée, furieuse et désorientée. Je quitte son bureau dans une colère qui se prolongera pendant des semaines.

Que vais-je faire ? Dans la maison familiale de Gruffy, je ressasse, je réfléchis à ces derniers mois. À ce voyage extraordinaire avec mon frère, au retour de l'Antarctique, en Tanzanie. Nous avons escaladé le Kilimandjaro. Sept jours d'ascension facile et de découvertes à chaque niveau d'altitude. Jamais je n'avais marché dans la forêt tropicale, entendu crier des singes, sursauté à l'envol coloré d'oiseaux dont je ne connais pas le nom. Des averses brutales font chanter les fougères arborescentes. Puis ce sont des paysages mystérieux, de plus en plus dépouillés de végétation alors que la chaleur disparaît. Il fait - 15 °C quand, le septième jour, nous arrivons au sommet. Enfin les glaciers. Jamais je n'aurais imaginé ces lambeaux de glace dressés en archipel d'écueils, sur la montagne dépouillée de neige. Dans ce désert de roches et de poussière grise ou brune, ils s'érigent comme des voiles de bateaux engloutis, des ruines d'églises dont ne subsisteraient qu'une flèche, un clocher, une paroi en cristal de dizaines de mètres de hauteur. De ces voiles, de ces épaves isolées, émanent, malgré ou à cause de leur beauté, un sentiment vertigineux d'abandon et de solitude.

Il y a encore trente ans, la glace recouvrait tout le sommet de la montagne. Sous mes yeux, un naufrage. En 2050, les glaciers auront disparu, ou peut-être même dès les années 2030.

Je me tiens face à ces vieux géants vaincus, éblouie et désespérée. Comment les sauver, prolonger leur existence, les protéger ? Que puis-je faire ?

À Gruffy, bien des jours se passent devant mon ordinateur. Je renoue des contacts, j'en découvre de nouveaux. Je cherche une voie. J'interroge d'autres glaciologues, j'observe les carrières, je médite les chemins de vie des uns et des autres. Je finis par être contactée par une compagnie de bateaux de croisière en Arctique, puis en Antarctique. Tous mes copains l'ont fait. Pourquoi pas moi ?

Je me familiarise avec les notions de communication et de médiation scientifique, c'est-à-dire de la transmission d'un savoir scientifique au plus grand nombre. Est-ce une possibilité pour la petite Heïdi qui était si timide ?

La nuit, les yeux ouverts, je songe à ces îlots de glace posés dans le désert et condamnés à la disparition, au Larsen C dévoré de métastases, au berger de l'Himalaya qui ne reconnaît plus son paysage natal, au grand fjord du Svalbard libre de banquise, à mon arrière-grand-mère en chapeau sur la Mer de Glace... Je pense aux glaciers comme à des ancêtres protecteurs. Je sais qu'ils s'effondrent. Je sais pourquoi. Je me retourne sans trouver le sommeil. Que dois-je faire ?

Faute de certitude, je décide d'accepter ce poste de post-doc. Me voilà glaciologue de bureau, de 9 heures du matin à 5 heures du soir, à nourrir mes ordinateurs de milliers de mesures et données, à affiner mes résultats, à préparer la rédaction de l'article qui me consacrera aux yeux de mes pairs. Les laboratoires de recherche me font l'effet d'une usine à articles : *publish or perish* est la devise cachée des scientifiques.

En 2002, lors du IVe sommet de la Terre, Jacques Chirac avait déclaré, face à un parterre de chefs d'État sidérés : « Notre maison brûle et nous regardons ailleurs[1]. » Il me vient l'idée amère que les scientifiques et moi-même dans le lot, nous ne regardons pas ailleurs. Au contraire, nous observons l'incendie avec beaucoup d'attention. Nous mesurons la hauteur des flammes, leur température, la fragilité des matériaux qui brûlent... Nous publions ces résultats dans des revues scientifiques, pensant que cela suffira à arrêter l'incendie. Il faudra bien plus que de l'encre et du papier pour l'éteindre.

1. Greta Thunberg, au Forum de Davos, en 2019 reprend cette image : « Notre maison est en feu. Je veux que vous ressentiez la peur que je ressens chaque jour ! Nous n'avons que douze ans pour agir et nous ne faisons rien ! »

Et puis, je peine à m'habituer à Saint Andrews, aux élèves qui arrivent en Jaguar après leur week-end campagnard ou exotique, aux hiérarchies aussi strictes que le formalisme des relations humaines, aux anecdotes récurrentes sur Kate et William, aux intrigues universitaires. Pas un jour sans me demander si je ne ferais pas mieux de partir le lendemain.

Alors, aussi souvent que possible, je m'enfuis.

J'accepte ainsi d'embarquer comme guide et conférencière sur des bateaux de croisière en Arctique et en Antarctique. Vivre à bord, c'est entrer dans un temps hors des contraintes quotidiennes, dans un environnement luxueux, au sein de paysages somptueux. Cela ressemble aux vidéos de promotions, aux catalogues sur papier glacé.

Évidemment, la plupart des passagers appartiennent aux catégories CSP++ et ne sont souvent plus très jeunes. Ceux qui ont économisé pendant des années pour s'offrir le voyage de leur vie sont les plus passionnés, me semble-t-il. C'est eux que je vois des heures sur le pont et les premiers à descendre à terre.

Au moins, mes yeux s'emplissent à nouveau de blanc, je goûte le froid de la glace, la joie de revoir les paysages magiques de l'Antarctique.

Au mieux, mes conférences ne seront-elles pas l'occasion d'avertir des enjeux de la fonte des glaces ? De lancer un cri d'alerte ? D'amener ce public, aisé et connecté à des réseaux décisionnels ou d'influence, à une prise de conscience profonde ? à un retour sur lui-même ? Sur leurs choix de vie en particulier et leurs impacts personnels et professionnels, d'autant plus que la production de gaz à effet de serre augmente avec les revenus. Si je ne suis pas là pour le faire, qui le fera ?

Je m'en convaincs.

Mais, peu à peu, la contradiction de ma position me devient intenable. Comment parler d'émissions de CO_2 sur un bateau qui en émet des quantités énormes pour rien d'autre que le plaisir oisif de la découverte ? Comment parler de l'importance de la préservation de la faune perturbée par la présence à répétition des hommes pour rien d'autre qu'une expérience *unique* ? Comment désigner des lieux *encore* préservés, des espaces *presque* vierges alors que justement notre présence les rendra un peu moins préservés, un peu moins vierges ?

Alors que je suis à bord d'un navire de la Compagnie du Ponant, l'achèvement de leur prochain paquebot, *Le Commandant Charcot*, destiné à la « haute exploration polaire », premier et unique brise-glace de tourisme, fait le sujet des conversations. Ce monstre de puissance arbore tous les labels possibles en matière de protection de l'environnement... mais fonctionnera bien en grande partie aux énergies fossiles.

— Heïdi, m'interpelle une passagère, à la fin de la dernière conférence du voyage, aurons-nous le plaisir de vous voir à bord du *Commandant Charcot* ?

La dame me regarde en souriant gentiment. Je la connais un peu, elle s'est montrée assidue aux conférences, attentive à mes explications. Elle a compris le cycle de la glace, les conséquences du réchauffement climatique sur la cryosphère, les impacts en retour de la diminution de celle-ci sur le climat, le cercle vicieux dans lequel nous sommes engagés, et le rôle primordial qu'y jouent les émissions de CO_2.

En fait, je *croyais* qu'elle avait compris.

Le découragement m'envahit.

Elle ne m'a pas entendue. Pas plus que le commandant ou les autres membres de l'équipage, venus, eux aussi, m'écouter sans émettre aucune objection.

À cet instant, je saisis enfin l'étendue de la contradiction de ma présence à bord : elle valide le discours promotionnel de la Compagnie comme « acteur de la préservation des régions polaires ».

La gentille dame ne peut pas m'entendre à travers le bruit de fond de ce paradoxe augmenté du ronron du discours sur le réchauffement climatique.

Sur ce bateau, nous faisons tous semblant.

Tous, sincèrement, déplorent la fonte des glaciers, l'altération des paysages, le danger de la hausse des océans ou des difficultés croissantes que les manchots empereurs rencontrent avec le recul de la banquise.

Tous se lamentent, de bonne foi, sur la disparition annoncée de ce qu'ils ont observé en dix jours de croisière, tout en rejetant par cette croisière même, par leur présence, la quantité de CO_2 qu'ils devraient, chacun d'eux, rejeter en un an, pour que les glaciers fondent moins vite…

Tous se désolent mais ne changent rien à la trajectoire de leur existence.

Et moi ?

Je ferme le micro. Je ne monterai plus à bord de paquebots de tourisme polaire. C'est un non-sens.

Pire : la métaphore de la schizophrénie de notre système.

« Ping ! »

Un nouvel e-mail arrive, « Documentaire scientifique France 5 », surligné en rouge par mon ordinateur comme « provenance inconnue ».

Je suis responsable du développement des documentaires pour la société de production Pernel Media. Je développe actuellement pour France 5 une collection documentaire scientifique, en deux films de 52 minutes. Dans chaque film, on découvre un pays au travers de ses phénomènes naturels. J'aimerais beaucoup échanger avec vous autour de ce projet.

Cet e-mail va changer ma vie.

Je ne connais rien à ce monde, à la télévision, aux boîtes de prod et à leurs codes, aux conditions de tournage. Mais je dis oui. Même si j'en tremble dans mes bottes. Car, d'emblée, je redoute ce que va dire ma *famille*, la communauté scientifique. Leur jugement sera-t-il une exclusion au pire, un mépris au mieux ? Saurai-je concilier la méthodologie scientifique avec la transmission au plus grand nombre ? Ce qu'on appelle, souvent avec dédain, la vulgarisation[1].

Le principe de l'émission est de faire découvrir les pays qui doivent composer avec une nature a priori hostile : tremblements de terre, pluies abondantes ou grandes sécheresses, déserts, volcans. Lieux stériles de sable, de glace, de poussière. Jungles proliférantes. Lieux où soufflent des tempêtes, où l'eau manque ou déborde, lieux de températures record, de catastrophes récurrentes.

Il s'agit aussi d'aller à la rencontre d'experts, d'hommes et de femmes qui trouvent des solutions, qui inventent, innovent,

1. Du latin *vulgus* qui désigne « le plus grand nombre ». La langue *vulgaire* est le français, par opposition au latin ou au grec. La nuance péjorative, attachée spontanément aux dérivés de *vulgus*, ne recouvre qu'une partie de ses acceptions.
Les dictionnaires donnent comme synonyme de « vulgariser » : faire connaître, mettre à la portée de tous.

améliorent dans tous les domaines – de l'architecture à l'agriculture en passant par la médecine ou l'urbanisme – pour que la vie se déploie.

Le concept m'enthousiasme. *Go* !

Je pars au Japon, en Californie, en Islande, au Costa Rica, au Chili, aux Émirats arabes unis et fais de mon mieux pour partager mon émerveillement devant l'extraordinaire diversité et intelligence des solutions développées pour s'adapter, faire face aux menaces. Cette intelligence créative booste mon optimisme.

Au Chili, dans le désert le plus sec sur Terre (en dehors de l'Antarctique), on attrape l'eau des nuages grâce à la *low tech* : des *atrapanieblas*, des filets qui au contact de la brume du Pacifique, *la camanchaca*, condensent les nuages et goutte après goutte abreuvent des villages entiers. En Islande, on utilise les roches volcaniques pour purifier l'air des hôpitaux et la géothermie pour bénéficier d'une énergie propre. Aux Émirats, on revégétalise le désert pour en ralentir la propagation et pour stabiliser les réserves d'eau douce du sous-sol.

J'ai tout à apprendre du métier. Les documentaires sont des instruments de communication – c'est-à-dire d'explication et de partage – très puissants. Chaque épisode est visionné entre 800 000 et 1 million de fois. Je comprends en échangeant avec les réalisateurs qu'un documentaire n'est pas un empilement de données mais un récit. Pour qu'une information soit audible et mémorisable, elle doit passer par une tension narrative, une *histoire* avec la présentation d'une situation, la survenue d'éléments perturbateurs, leurs progressions et leurs conséquences, pour déboucher sur une conclusion qui donne un sens, ouvre une réflexion.

Peu à peu, je prends conscience qu'une information sans sincérité, sans émotion, n'est pas retenue durablement.

L'apprentissage du métier d'animatrice, de « passeuse » de science est aussi rude que rapide. Toute la vieille timidité de la petite Heïdi reflue brutalement face à la caméra. Son œil rond et noir me pétrifie. Une coach m'enseigne comment faire de ma respiration une amie, je pose ma voix, je refuse de penser à ces inconnus qui vont me regarder, me jauger. Je dois les retenir pour leur transmettre une connaissance. C'est celle-ci qui importe. Être juste, sincère, poser des questions précises et simples. Alors, je pense à ma grand-mère, c'est à elle que je m'adresse, avec le plus de clarté, de calme, et de plaisir possible.

Après deux saisons de Terres Extrêmes, je préfère arrêter.

Entre chaque tournage, je retrouve Saint Andrews, mon bureau et ses horaires. Lorsque je suis parvenue, péniblement, car mes absences les rallongent, au bout de mes engagements de post-doc, mon superviseur me propose de prendre la tête d'un nouveau centre de traitement d'images satellites à l'université. Non, décidément. Trop loin des glaciers, trop d'administratif… Trop c'est trop.

1er décembre 2017. Dernier jour. La semaine précédente, *Science* a publié un article sur ma thèse sur les surges glaciaires. Consécration d'autant plus incontestable que je fais la couverture de la prestigieuse revue. Je suis fière. Profondément. C'est la reconnaissance de mon travail et celui de mes équipes par nos pairs, mais ici, entre ces murs vénérables, personne ne me félicite. Je ravale ma déception derrière un grand sourire.

Mon sac est bouclé. Je descends l'escalier, je passe la tête dans les bureaux. Salue. Je traverse les halls, les cours, longe les allées entre les pelouses toujours verdoyantes malgré l'hiver. J'avance allègrement, le numéro de *Science* bien en évidence dans la main. Voilà, c'est mon travail, c'est moi. Je suis Heïdi Sevestre, glaciologue, et libre. Je franchis les grilles. Je sors du système universitaire, au moment même où il m'adoube.

Je n'ai plus peur. Mon but est clair : sauver les glaciers qui peuvent encore l'être, ralentir les processus de disparition des autres afin d'atténuer les conséquences locales et globales.

Je souhaite rendre la science du climat et des glaces accessibles au plus grand nombre. Alerter sur les conséquences, pousser à l'adaptation : gouvernements, enfants des écoles, étudiants, entreprises, les vieux et les jeunes, les puissants et les quidams. La « vulgarisation » est fondamentale parce que le changement climatique va modifier le paradigme sur lequel notre quotidien se construit depuis la révolution industrielle, à savoir l'énergie produite par le charbon, le pétrole et le gaz.

Ce qui signifie le gaz ou le fuel de notre chauffage, l'essence de notre voiture, le kérosène de nos avions, les dérivés du pétrole dans les plastiques, les textiles, le moindre objet manufacturé…

Pour sauver la glace et donc l'humanité, l'urgence absolue est de limiter l'émission des CO_2 issus des énergies fossiles. L'urgence au cœur de toutes les autres urgences liées au réchauffement.

Je suis certaine que la diffusion de la connaissance sur les conséquences de la fonte des glaciers est un préalable indispensable à l'évolution des esprits et des modes de vie. Comprendre est le premier pas vers l'action.

Une phrase de Baba Dioum, un prodigieux ingénieur agronome sénégalais, m'est un mantra : « À la fin, nous préserverons seulement ce que nous aimons ; nous aimerons seulement ce que nous connaîtrons, et nous ne connaîtrons seulement ce qui nous aura été enseigné. »

Montrer, enseigner, faire découvrir, ouvrir des perspectives, libérer l'énergie. Oui. Mieux, nous ne sauverons la vie humaine sur Terre que parce que nous aurons aimé les hommes, la Nature. Et la glace.

C'est cela la « vulgarisation ». Faire aimer.

Sans complexes désormais, je me présente comme une free-lance de la communication scientifique et je suis certaine que l'impact de mon action sera beaucoup plus efficace qu'en me consacrant à la recherche pure.

Je ne me souviens plus qui a écrit que l'on reconnaît le bon chemin à la joie qu'il procure. J'ajouterai aux horizons insoupçonnés auxquels il conduit…

Par exemple, en Colombie.

PANAMA
VENEZUELA
Cocuy
Bogota
Santa Isabel
COLOMBIE
ÉQUATEUR
PÉROU
BRÉSIL

13

Cumbres Blancas

Un drôle de message sur Instagram dans une drôle de langue qui n'est ni de l'anglais, ni du français, ni de l'espagnol mais tout à la fois :

> Heïdi, je suis Marcela. Je t'ai vue dans la série One Strange Rock[1]. C'était super. Voilà. En Colombie, nos glaciers disparaissent. Il n'y a qu'un seul glaciologue dans le pays, je n'en connais pas d'autres que toi. Il faut que tu viennes…

C'est en Amérique latine que se trouvent la majeure partie des glaciers tropicaux. En Colombie, ils couvraient environ 350 kilomètres carrés en 1850, en 2017, un peu moins de 36 kilomètres carrés répartis dans trois massifs montagneux éloignés les uns des autres. Un seul homme, « murmure à l'oreille des glaciers » : le glaciologue Jorge Ceballos. À cinquante ans, berger solitaire, il surveille vaillamment son cheptel de survivants.

1. Série documentaire de 2018 produite par National Geographic et présentée par Will Smith. J'interviens dans l'épisode 1 et l'épisode spécial.

Marcela, globe-trotteuse infatigable, activiste multidirectionnelle[1], le découvre en lisant le témoignage d'un alpiniste colombien. Sous le choc, elle fonde une association (Marcela est de ceux qui ne laissent pas le dernier mot à la fatalité sans tenter quelque chose) : Cumbres Blancas Colombia.

À ma connaissance, c'est à l'époque la seule association non-scientifique créée pour la sauvegarde des glaciers. Des alpinistes, des voyageurs, des artistes, des professeurs, des cadres et des chefs d'entreprise, des influenceurs se découvrent la même anxiété pour leurs derniers glaciers et s'unissent pour sauver ce patrimoine naturel. Ceci, il n'est pas inutile de le rappeler, dans un pays instable économiquement et politiquement, depuis des décennies.

« Il faut que tu viennes, Heïdi. »

Je débarque avec une petite équipe en novembre 2019, presque sans financement. Nous assisterons Jorge dans sa visite des glaciers des montagnes du parc Los Nevados et du massif d'El Cocuy o Güicán. Il est également prévu de poser des caméras *time lapse* à vue panoramique afin de faire le monitoring du retrait accéléré des glaciers. Ces clichés quand ils sont programmés en défilement rapide constituent des animations du retrait et de la diminution de masse des glaciers. Ils sont aussi une illustration éloquente, accessible au plus profane. Nous ne faisons pas qu'étudier les mécanismes de disparition, nous conservons aussi la trace de ces glaciers : la mémoire est toujours une connaissance.

Ces trois semaines sont bouleversantes. Nous sommes emportés par la tornade Marcela, par la chaleur et la générosité

1. Avant les glaciers, Marcela a œuvré pour le droit des femmes, l'éducation des jeunes générations, le recyclage de déchets, le réensauvagement d'écosystèmes, la mise en place d'un tourisme éducatif en Colombie.

des Colombiens, émus par l'énergie quasi désespérée du glaciologue Ceballos, tellement isolé, qui se dépense sans compter au chevet de ces soixante-dix glaciers que la communauté scientifique internationale a oubliés depuis longtemps, considérant qu'il est déjà trop tard pour ces agonisants. Comme je déteste cette fatalité des modélisations et l'inertie défaitiste qui en est parfois la conséquence directe !

Est-ce parce que je viens d'un pays de montagnes où les glaces reculent dramatiquement que je suis aussi touchée par l'activité des associations de non-spécialistes ? Les populations locales et gens de tous horizons s'unissent dans le même souci de retarder l'échéance. Ralentir la fonte n'est ni dérisoire ni secondaire. En prenant un peu de hauteur, j'aime me rappeler une phrase de Goethe : « L'essentiel, c'est de durer. »

L'homme est fait de temps. Gagner du temps, c'est commencer à ne pas perdre.

Courbés sous le poids très lourd de nos sacs à dos, nous sommes partis trois semaines à la découverte de ces glaciers, à très haute altitude, dans des paysages époustouflants.

Au pied de la Sierra Nevada del Cocuy o Güicán, nous avons traversé des plantations de café irriguées par l'eau de la montagne – aussi longtemps qu'il y en aura. Cumbres Blancas nous conduit dans un village. Des maisons toutes rondes recouvertes de toits très pentus en chaume abritent une dizaine d'autochtones kogis qui vivent de leurs cultures et d'un peu d'élevage. Marcela nous introduit auprès des Mamos, les anciens, détenteurs à la fois du savoir traditionnel, de la sagesse et de la mémoire. La conversation s'ébauche. Tant de questions se pressent : comment ressentent-ils le changement climatique ? Qu'ont-ils observé ? Qu'en est-il du manque d'eau provoqué par le recul du glacier ? Comment le pallient-ils ?

Il nous faudrait tant de temps…

À l'heure du départ, nous sollicitons leurs bénédictions pour parcourir leurs montagnes sacrées. Il m'a semblé que le bienfait de leurs vœux de bonne route nous a accompagnés tout au long de l'expédition.

À 3 500 mètres d'altitude, le blanc immaculé des derniers glaciers nous salue du haut de ses 5 000 mètres. Nous visiterons trois d'entre eux, le Ritacuba Negro, le Cóncavo et enfin le Conejeras miné de ruisseaux de fonte, dont Jorge prédit la disparition d'ici les cinq prochaines années.

En marche vers les glaciers, il faut traverser le paramo, cet unique et merveilleux biotope andin, constitué de buissons bas, de graminées, de plantes endémiques aux teintes doucement nuancées de roux, de vert, de gris. Ces zones humides stockent l'eau des glaciers, de la pluie, de la neige et la diffusent vers l'aval, les villages et les cultures. C'est aussi un fabuleux puits de carbone. Que deviendra le paramo quand tous les glaciers auront disparu ? Que deviendront les hommes ?

L'ascension sur les moraines grises nous conduit aux ultimes taches blanches de ces sommets.

Nous relevons les balises et les caméras posées l'année précédentes par les filles de Cumbres Blancas. Sans surprise tous les paramètres sont mauvais. Le seuil de survie de ces petits glaciers tropicaux est de 1 °C alors que la température mondiale a augmenté depuis 1880 de 1,15 °C[1].

1. Pour mémoire, le seuil de survie des glaciers alpins par exemple est sous les 1,5 °C.

Survivants du dernier âge glaciaire, ils sont à l'agonie. Nos activités ont largement accéléré leur disparition programmée. Et nous ne pouvons plus rien faire au point de bascule où ils sont parvenus.

Scientifique, j'ai le devoir et l'habitude d'ériger un mur entre mes constatations, mes calculs, mes réflexions et l'émotion. Confrontée à cette débâcle, je trouve ce devoir très difficile.

Et comment ne pas être touchée par l'énergie des bénévoles pour sauver ce qui peut l'être ? Ils ne disposent que de moyens *low-tech*, ce qui est une manière pro de dire « les moyens du bord ». Après une chute de neige significative, en Colombie, on étend des filets qui retiennent le manteau neigeux sur le glacier. Au Pérou, où se trouvent la plupart des glaciers tropicaux, une ONG a entrepris de « peindre » avec de l'eau de chaux et des blancs d'œufs, issus de l'industrie agro-alimentaire, les roches à proximité des glaciers découvertes par la fonte. En utilisant l'effet albédo, ces roches se réchauffent moins. On espérait que le cercle vicieux fonte-réchauffement du sol-accélération de la fonte, en serait enrayé, au moins ralenti. Mais peindre les montagnes n'a pas encore prouvé son efficacité. Ce n'est pas une solution.

Pas plus d'ailleurs que les immenses bâches blanches tendues en France et en Suisse sur les glaciers alpins après l'hiver. Procédé qui, lui, a bénéficié de soutiens financiers pharamineux car, plus que les glaciers, il s'agissait de sauver l'industrie des sports d'hiver. Cette technique coûteuse a paru un moment assez efficace… sauf que les bâches se désintègrent à la longue et dispersent dans l'eau de fonte des millions de particules de plastique, ce qui est une autre manière de tuer le glacier, la flore et la faune qui en dépendent et… les hommes en bout de chaîne, puisque nous n'avons pas d'autre château d'eau douce en montagne que le glacier.

Ces initiatives, que recouvre le terme ronflant de géo-ingénierie, me semblent, à ce stade, au mieux une tentative transitoire d'aménagement du réel, au pire – surtout quand des moyens colossaux sont mis en œuvre – une fuite et une volonté de déplacer le problème vers un effet et non vers la cause unique : l'activité humaine productrice de gaz à effet de serre.

En Colombie, le pays où les glaces sont entrées en soins palliatifs, où le dernier glaciologue ne peut consacrer ses travaux qu'à l'étude de la disparition de son sujet d'étude, j'ai pourtant, paradoxalement, ressenti la force de l'espoir. Celui de ralentir ici, d'atténuer là-bas, la mort annoncée de ces géants ?

Pas seulement.

Pour la première fois, j'ai vu des gens « normaux », dont le métier n'est pas de scruter la cryosphère, dont les revenus ne dépendent pas des glaciers, des gens désintéressés et libres, prendre conscience de la valeur de ce monde de glace. À la fois rationnellement et émotionnellement.

Le sauvetage du glacier ne peut se faire contre l'homme, comme l'homme ne peut se sauver sans le glacier. Au risque de me répéter : les destins de l'homme et de la glace sont liés.

Eux le savent. Ils l'ont profondément compris. Et cela change tout. Car on ne peut plus vivre « comme avant » à partir de cette prise de conscience.

14

Comment le dire ?

« Ce ne sera pas la première fois que des scientifiques se trompent. »

« On peut nous dire n'importe quoi, les rapports du GIEC sont illisibles pour les non-scientifiques. D'ailleurs ils se contredisent. »

« L'humanité s'est toujours adaptée… l'homme a une capacité de résilience qui lui fera surmonter cette crise comme les autres. »

« Il n'a jamais fait aussi froid cet hiver et on nous parle de réchauffement climatique ! »

« D'ailleurs la terre s'est déjà réchauffée… et refroidie. Au XIIe siècle, la température était plus élevée que maintenant et les glaciers plus petits ! »

« Imputer aux hommes le changement climatique est une espèce de superstition. »

Au fil des conférences et des rencontres, au hasard d'échanges avec des inconnus, de ceux qui ne sont pas de ma paroisse, ni scientifiques, ni sensibles aux thématiques du climat, ou face aux climato-sceptiques avérés, je découvre que la plus grande difficulté n'est pas de communiquer le plus simplement possible un savoir complexe, ni l'ignorance en cette matière de mes auditeurs, mais d'amener les gens à mettre de côté ce qu'ils croient savoir, pour entendre vraiment. L'absence de connaissances est dix fois moins périlleuse qu'un savoir d'occasion glané sur Internet, sans avoir les outils ni les connaissances préalables pour l'estimer. Se savoir profane est cent fois moins préjudiciable à sa capacité de compréhension que de surévaluer ses acquis et ses compétences.

L'exercice de la science a deux exigences fondamentales : la validation des pairs, c'est-à-dire de ceux qui ont les moyens de contrôler et de refaire les expériences ; et la suspension de toute « croyance » en une « vérité » définitive, suivant la formule que *quelque chose n'est vrai que jusqu'à ce qu'on prouve le contraire* (ce qui ne signifie pas non plus que le contraire sera un jour ou l'autre prouvé...).

L'exercice de l'opinion n'a aucune exigence : ni expériences, ni pairs, ni preuves. Une opinion se suffit à elle-même, c'est-à-dire à celui qui la profère, qui l'écoute, l'approuve ou la contrecarre. Qu'elle soit sincère ou pas, intéressée ou pas, elle n'a que la valeur qu'on lui donne pour des raisons qui n'ont rien à voir avec la science.

« Franchement quand on voit les problèmes autour de nous, la guerre en Ukraine, le COVID, l'inflation, vous ne croyez pas qu'il y a des urgences plus graves ? »

« La France ne représente que 1 % des émissions de gaz à effet de serre par an, alors que je prenne ma voiture ou pas... »

« Les gens n'ont qu'à changer de comportements : les entreprises cesseront de produire des produits “haut carbone”. C'est aux entreprises et aux collectivités de prendre leurs responsabilités. »

« Et pendant ce temps, on ne s'occupe pas de développement. Et comment voulez-vous que les pays les plus pauvres se développent sans énergies fossiles ? »

« Je n'ai pas les moyens de changer de chauffage ! Et je fais comment sans voiture, là où j'habite ? »

Toutes ces phrases sont les expressions d'un malaise d'autant plus confus qu'il charrie des hostilités étrangères à la question du réchauffement et à la réduction des énergies fossiles.

Les jeunes contre les « vieux », les pauvres contre les riches, les ingénieurs contre les décroissants, les entreprises contre les consommateurs, les « petits » pays contre les « grands », les sceptiques contre les « scientistes », quand ce ne sont pas les automobilistes contre les trottinettes et celles-ci contre les piétons, les mangeurs de viande contre les végétariens et ceux-ci contre les végans, les urbains contre les ruraux et ceux-ci contre les néo-ruraux.

Comment trouver les mots et l'espace de silence dans le brouhaha continuel des annonces et des opinions pour être entendue, dans les deux acceptions du mot : écoutée et comprise ?

Je réalise peu à peu qu'il nous les manque les mots.

Rien de plus normal. Ce qui se passe n'a jamais eu lieu depuis que parlent les hommes.

Ce qui nous arrive n'est jamais arrivé à l'espèce humaine.

À la Terre, oui. Il y a eu des périodes où la glace recouvrait presque entièrement la planète, et d'autres où la glace n'existait pas.

Au vivant, oui. Il y a eu des milliers d'espèces de végétaux, d'algues, d'insectes, d'animaux qui ont traversé des milliers d'années et ont disparu comme ces dinosaures que mon frère aimait tellement quand il était petit. L'être humain n'a jamais rien connu de tel.

Ce qui arrive est inédit : la modification des conditions du vivant par une seule espèce.

Ce qui nous arrive n'a jamais été embrassé par l'esprit humain.

Il arrive que des populations soient confrontées à des éruptions volcaniques, à des tremblements de terre, des typhons, des incendies gigantesques ou des tsunamis. Mais ailleurs, plus loin, la vie se poursuit, tranquille, inaffectée par la catastrophe qui touche, à 500 kilomètres de là, leurs semblables, leurs frères.

Autrefois, les hommes pensaient parfois qu'il s'agissait d'un châtiment des dieux du ciel, ou une révolte des esprits de la terre, qu'ils en étaient responsables à cause de leurs fautes ou au contraire que c'était la Nature qui faisait entendre sa voix et qu'ils étaient innocents. Mais cela touchait seulement quelques êtres humains et non l'espèce entière.

Après la catastrophe, les hommes trouvaient refuge un peu plus loin pour attendre des temps plus favorables pour reconstruire, retisser le tissu déchiré de leur Histoire.

Nous n'avons pas de mot pour concevoir que cela ne sera pas possible. Ce qui nous arrive n'existe tout simplement pas dans aucune langue du monde.

Les termes « changement climatique », « réchauffement climatique », « point de bascule », qu'ont forgés les scientifiques, nous avons du mal à les entendre. Ils nous parviennent dans le brouhaha médiatique, et nous n'avons pas très envie de tendre l'oreille. Parce qu'ils sont inquiétants et font appel à des notions abstraites.

En revanche nous réagissons à « sécheresse », « famine », « inondation ». Ce sont des mots qui parlent dans toutes les langues, parce qu'ils nomment des expériences humaines, des souvenirs humains. Des histoires.Une hausse globale des températures sur la Terre aussi rapide est un événement qui n'a jamais eu lieu et qui paraît théorique, alors que j'écris en ayant sous les yeux le paysage tranquille et en apparence immuable de mon village. Et plus encore pour ceux qui habitent dans de grandes villes, et qui sont davantage coupés des rythmes des saisons, du cycle de l'eau, de la germination et de la fructification.

Alors nous n'avons pas les mots qui nous feraient réagir, là, immédiatement.

Cette impuissance à concevoir en mots qui parlent à chacun est une autre catastrophe. Car c'est à partir des mots que concevons le monde, que nous – États, organisations, particuliers – traçons notre ligne de conduite et concevons l'avenir.

L'écrivain islandais Andri Snær Magnason écrit que l'urgence est de former les jeunes générations – et chacun, tout au long de la vie – aux connaissances qui sont liées « aux fondements de la vie ». Apprendre l'éthique, parce que « dans les années qui viennent nous allons devoir relever toute une série de défis éthiques ». L'algèbre, « parce que nous devons éliminer des gigatonnes de CO_2 » et calculer constamment les conséquences de notre consommation de produits fossiles. Et enfin, « la poésie et les poèmes anciens. Parce que la poésie est la *corde d'argent* de l'esprit humain, sans elle notre existence est inconcevable[1] ».

1. Andri Snær Magnason, *Du temps et de l'eau*, Alisio, 2021, p. 333-334.

J'insiste, la « question du climat » est très déstabilisante pour nous, êtres humains. Elle remue les vieilles peurs d'apocalypse, tout au moins de cataclysmes collectifs, qui créent la panique. Elle remet profondément en cause nos modes de vie, nos choix passés et, avec eux, ceux de nos parents, donc elle est reçue comme une accusation existentielle. Elle contraint à des changements rapides qui inquiètent. En d'autres termes, elle parle à nos tripes, à nos angoisses, à notre mémoire, bref à l'émotion. Nous aimerions mieux que cette question ne se soit jamais posée. Par conséquent, nombreux sont ceux qui font comme si elle n'existait pas et la nient au pire, la repoussent au second plan au mieux, la minimisent le plus couramment.

Parallèlement, du côté des scientifiques du climat, des ONG, de tous ceux qui ont la conscience aiguë de l'urgence climatique, beaucoup refusent de s'attarder sur les paniques, les culpabilités et les dénis qui en sont l'expression.

Ils aimeraient mieux que la psychologie et l'intime n'interfèrent pas, que l'émotion n'entre pas en ligne de compte, aussi font-ils comme si l'humanité entière était un pur esprit rationnel. Ces refoulements et dénis réciproques sont contre-productifs et dangereux parce qu'ils font perdre du temps, ce temps qui va tellement nous manquer.

Je suis persuadée que face à l'inquiétude climatique, la première chose à faire pour nous, glaciologues et scientifiques du climat, est d'amener les gens à s'informer calmement et à dépasser les réflexes de déni et de peur. Nous devons apprendre à partager ce que nous avons constaté sur le terrain et dans nos recherches. Construire des ponts entre la recherche dure et le savoir *soft*, celui qu'il est indispensable de maîtriser afin de faire des choix éclairés dans ses modes de vie.

Il ne faut pas surtout se décourager et expliquer encore et encore l'origine de la hausse globale des températures[1] : l'émission en quantité de CO_2 et de méthane via la combustion du charbon, du pétrole et du gaz naturel. La durée de vie du CO_2 dans l'atmosphère est d'environ un siècle. La production annuelle de CO_2 depuis le début du xxe siècle est non seulement exponentielle mais accumulative.

Quinze années ont été nécessaires pour que les études scientifiques du monde entier établissent de façon *absolument certaine* que la concentration de ces émissions (essentiellement composées de dioxyde de carbone, mais aussi de méthane, de protoxyde d'azote, d'hydrocarbures perfluorés, d'hexafluorure de soufre...) s'additionnant aux gaz à effet de serre naturels est à l'origine de la hausse des températures. Il n'y a désormais aucun doute que l'homme est à l'origine de la modification actuelle du climat. Pas le moindre. Pas l'ombre de l'ombre de l'ombre d'un doute. Je l'ai déjà dit ici. Je sais. Mais combien de fois faut-il entendre pour comprendre ?

Exposer les effets dramatiques et irréversibles du réchauffement sur la cryosphère qui risquent de nous impacter sur

1. La Terre reçoit l'énergie du Soleil. Une partie de cette énergie est réfléchie et renvoyée dans l'atmosphère, une autre partie est absorbée par la surface terrestre. Plus les surfaces et l'atmosphère sont chaudes, plus elles émettent un rayonnement infrarouge. Une partie de ce rayonnement est envoyée dans l'espace, l'autre partie est absorbée par certains gaz et les nuages : c'est l'effet de serre naturel qui permet la vie sur Terre. Les gaz à effet de serre émis par les activités humaines (essentiellement dioxyde de carbone ou CO_2 et le méthane CH_4) s'additionnent aux gaz de l'effet de serre naturel (CO_2 et H_20) et augmentent la température à la surface du globe terrestre.

des centaines voire des milliers d'années[1] ; faire comprendre pourquoi la hausse de 1,5 °C de la température mondiale moyenne est un point de non-retour pour les calottes polaires, les glaciers de montagne, la banquise, le permafrost, sont deux enjeux à proprement parler *vitaux*.

Même si nous parvenons à limiter drastiquement nos émissions de CO_2 *après* une hausse de 1,5 °C, les cercles vicieux de disparition de la banquise et des barrières de glace, d'effondrement des sols autrefois gelés, de diminution d'effet albédo, continueront à s'emballer. À ce stade, nous n'aurons plus de contrôle et très peu de marge d'atténuation, nous ne pourrons plus arrêter la déstabilisation de la calotte du Groenland ni celle de l'Antarctique, et encore moins le dégel du permafrost.

Ce point de non-retour pour la cryosphère d'abord, pour le niveau de la mer ensuite, correspond à une hausse des températures moyennes supérieure de 1,5 °C à la température globale moyenne d'avant la révolution industrielle. Actuellement, l'augmentation est à 1,15 °C. Si les pays respectent leurs engagements climatiques, la température moyenne sur Terre pourrait augmenter jusqu'à 2,4 °C. En revanche, si nous restons sur la trajectoire actuelle, l'augmentation pourrait dépasser les + 4 °C.

Chaque dixième de degré supplémentaire renforce les cercles vicieux d'accélération de la fonte. Chaque tonne de gaz, de pétrole ou de charbon brûlé condamne un peu plus notre avenir à des conséquences irréversibles.

1. Si on arrêtait aujourd'hui d'émettre des gaz à effet de serre, le permafrost dégradé continuerait à émettre ses propres gaz à effet de serre pendant cent cinquante à deux cents ans au moins. Par ailleurs, si le méthane ne reste que douze ans dans l'atmosphère, le CO_2 y subsiste pendant un siècle…

Les châteaux de sable de nos enfances, que nous avions construits sur la ligne de la marée haute, nous nous imaginions, aux premières vagues venant emplir les fossés, que nous avions le temps de les sauver. Nous pensions que nous les avions bâtis assez haut et assez solidement. Pourtant, venait le moment, où quoi que nous fassions, même si la marée ne le submergeait pas entièrement, les fissures, les écroulements, les infiltrations, faisaient s'effondrer le beau château de sable. Rien ne pouvait l'empêcher. Comme rien n'empêchera les glaciers des Pyrénées de se réduire et de disparaître, les eaux de fonte de miner le Larsen C, les glaces du Kilimandjaro de devenir vapeur.

Et le niveau de la mer de monter.

Parce que les lois physiques sont ce qu'elles sont, malgré tous nos efforts, le château ne se rebâtira pas sur le sable détrempé, les glaciers ne se reformeront pas à l'échelle de l'histoire humaine.

Il ne s'agit pas de lancer des cris d'alarme pour lancer des cris d'alarme ni de ruminer de l'éco-anxiété, mais avant tout de prendre le temps de comprendre les mécanismes du réchauffement. Garder son calme, gagner en conscience et en lucidité, c'est commencer à agir. Et plus personne ne peut désormais se dispenser d'agir.

Nordaustlandet
Ny-Ålesund
Spitzberg
SVALBARD
Edgeøya
Calpysobyen

15

Climate Sentinels

Hiver 2021. Mon père me dépose en voiture sur le plateau du Semnoz. Du coffre, j'extrais des skis nordiques, une pulka bleue, ce traîneau léger à traction humaine, hérité des Inuits, et une douzaine de bidons de dégivrage. Je les dispose soigneusement dans le traîneau en me félicitant de les avoir dénichés dans le garage. Les bidons sont plus maniables que des briques, et la pulka ainsi chargée pèse bien son demi-quintal. C'est parfait. J'ajuste mon sac à dos – barres chocolatées et thé chaud – et m'attelle au traîneau. *Go* !

Un jour sur deux, au lieu de la pulka, je tire des pneus de voiture que j'arrime à mes hanches avec un harnais.

Trois heures durant, je grimpe et je traîne ma charge, je descends en tirant mon barda. Mon dos se rappelle à mon souvenir, l'épaule que j'avais déboîtée dans une grotte glaciaire aussi. Mon « corps d'expédition » est abîmé. On ne lâche rien.

Entre deux confinements, les remontées mécaniques sont à l'arrêt, les chemins presque vides à l'exception de quelques randonneurs qui regardent passer mon étrange équipage avec une certaine inquiétude et peu résistent à l'envie de m'interroger :

— Vous avez perdu un pari ?

J'éclate de rire.

— Non, je m'entraîne. Je me suis fait un programme d'enfer pour une expédition polaire…

Cela fait trois ans que j'en rêve. Trois ans de préparatifs, de difficultés et de contretemps. Le confinement du printemps 2020 l'avait reportée d'un an. Maintenant, nous y sommes presque.

À l'origine, il y a ce groupe Climate Sentinels constitué de femmes scientifiques du climat, rompues aux techniques et aux mondes polaires. Des femmes brillantes et fortes, rayonnantes et courageuses. Je suis si fière d'avoir monté une telle équipe !

Nous six, Anne, Silje, Nina, Dorothée, Alia et Heïdi des Alpes, sommes résolues à donner un nouveau visage à la recherche polaire. Rien moins que ça !

Nous nous faisons confiance et nous avons le rêve, nous, les filles, si souvent isolées au milieu des « mecs de la glace[1] », de monter une expédition exclusivement féminine.

Chacune d'entre nous vit aussi de plus en plus difficilement le fonctionnement paradoxal des expéditions polaires.

Pour rejoindre les sites d'investigation, nous voyageons en bateau (carburant au fuel lourd) ou bien en avion (au kérosène), un hélicoptère (idem) est affrété pour les derniers kilomètres. Enfin, sur place, nous utiliserons des véhicules (essence ou diesel) ou des instruments gourmands de l'électricité produite par nos gros générateurs (encore du diesel, et transportés eux aussi par la grâce de la combustion du pétrole). En somme, nous utilisons abondamment l'énergie fossile, pour mesurer les dégâts causés par cette même énergie fossile… Cette inadéquation

1. Seulement 20 % des scientifiques participant aux rapports du GIEC sont des femmes.

entre l'exercice de la science et son message nous est devenue insupportable.

Nous ne sommes que six, mais, à notre échelle, nous voulons démontrer qu'une autre pratique de la science, qu'un autre type d'expédition est non seulement possible mais efficace.

Et pour cela, il nous faut renouer avec les techniques anciennes. Chacune, à ski nordique, sera attelée à une pulka, lestée de 80 à 100 kilos de matériel pour camper, de matériel scientifique et de nourriture. Ce que nous mangerons sera remplacé au fur et à mesure par les échantillons de neige et de glace : le poids à tirer va rester constant. Voilà pourquoi, chacune dans notre coin du monde, alors que nous ne sommes guère des athlètes, nous consacrons trois heures par jour à tirer des pneus… et à manger le plus possible pour prendre du poids avant le départ.

Walk the talk and talk the walk.

Le chemin va être long : un mois et 450 kilomètres de part et d'autre du Spitzberg, d'une station de recherche à l'autre. Cela n'avait jamais été fait à skis. Tant mieux ! De Ny-Ålesund à Pyramiden, de Pyramiden à Sveagruva, une ancienne ville minière, de Sveagruva à Hornsund, l'étape la plus difficile de notre périple, à travers la banquise et des glaciers fortement crevassés.

Nous avons deux missions scientifiques à accomplir. Valider les données du satellite ICESat-2, lancé par la NASA en septembre 2018 pour documenter les changements de topographie sur Terre – par exemple l'épaisseur de la neige et de la glace. Ainsi, en chemin, nous mesurerons à l'aide de sondes l'épaisseur du manteau neigeux afin de calibrer efficacement le satellite pour que les données soient les plus précises possible.

Ensuite nous devons prélever des échantillons de neige pour y mesurer la concentration de poussières résultantes de la combustion d'énergies fossiles.

Cela mérite qu'on s'y arrête.

Le noir de carbone nous est familier. En ville, il suffit de passer le doigt sur une rambarde, un mur pour en trouver comme de la suie sur notre peau. À la campagne, c'est le noir, dans le foyer ou le tuyau de poêle, c'est le joli panache qui sort de la cheminée. Partout ce sont les émanations des voitures et des camions qui rejettent dans l'air et déposent partout d'imperceptibles particules, seulement visibles à force de s'accumuler. Toute combustion de fuel, d'essence, de pétrole, de charbon mais aussi – hélas, car j'adore les feux de cheminée – de bois produit du noir de carbone.

L'Arctique est si loin de tout, si peu peuplé, les glaces si immaculées qu'il semble hors de portée de cette pollution. C'est faux. Dramatiquement faux. De plus en plus faux. Les particules noires émises à des centaines, des milliers de kilomètres suspendues dans l'air, poussées par les vents, piégées dans les nuages, sont finalement précipitées sur le sol arctique avec la neige et la pluie. Les traces de carbone ne sont pas seulement décelées par les instruments, mais visibles à l'œil nu et très étendues. Partout la glace est moins pure, la neige moins blanche. En été, les glaces fissurées à l'ouest du Groenland sont désormais peintes en gris et noir, au point que le rayonnement solaire n'est plus réfléchi mais absorbé, accélérant la fonte de ces surfaces glacées. Encore un cercle vicieux.

Mars 2021. Dix jours de quarantaine à Oslo, des frontières fermées, du matériel qui manque, les difficultés s'accumulent. Seules Silje, Nina, Anne et moi irons sur le terrain. Dorothée et Alia[1] seront en charge de la logistique et nous guideront à distance. Le temps presse. Les expéditions au Svalbard ont généralement lieu en avril : il y fait froid (nous avons besoin de froid qui consolide la glace, la banquise et fixe la neige), beau et ensoleillé. Le jour polaire est très long, ce qui permet de voir les ours venir de loin !

La veille du départ, l'excitation nous empêche de dormir. Le matin, nous bouclons les sacs, checkons et *doublecheckons* le matériel. Je regarde le thermomètre :

— 5 °C.

— Quoi ?

— Positifs ?

— Oui…

— Bizarre.

— Bah, dans deux jours, on reviendra à la normale.

Nous partons et passons deux petites heures à skier lentement. Le ciel est gris, bas, le vent souffle, rien d'insurmontable. Puis, en quelques minutes, comme une bête à l'attaque, le blizzard surgit devant nous et rugit sauvagement. Nous nous résignons à monter nos tentes : le vent s'acharne, ronfle et fait violemment vibrer la toile derrière laquelle nous attendons qu'il diminue d'intensité.

Un début d'expédition est un temps d'adaptation – à nos équipiers, à l'effort, à l'environnement, sa splendeur mais aussi sa démesure. Le corps, lui aussi, réclame quelques jours pour s'habituer au *grand dehors*, à ces skis-là, à ces nouvelles

1. Dr Alia Khan, biogéochimiste (États-Unis), Dr Anne Elina Flink, glaciologue (Suède), Dr Silje Smith-Johnsen, glaciologue (Norvège), Dr Dorothée Vallot ingénieure et glaciologue (France), Dr Nina Adjanin, technologies pédagogiques (États-Unis).

boots, au sommeil dans la tente. Nous n'aurons même pas le luxe d'y penser : d'emblée, nous sommes en danger.

Jamais je n'ai connu de pires conditions météo au Svalbard que pendant ces deux premières semaines d'expédition. Le vent est fou, la neige tombe sans arrêt, les températures ne descendent pas en dessous de 0 °C, la glace fond, le manteau neigeux est instable. Nous étouffons dans nos vêtements prévus pour des températures très basses. Ils sont trempés, et aucun espoir de les faire sécher. Nos boots sont des cocottes-minute où marinent nos pieds couverts d'ampoules. Progresser dans le vent qui nous couche presque à terre est épuisant. Sa violence est telle que les pulkas de 70 à 80 kilos se retournent, et nous avec. Nous assistons de loin à d'énormes avalanches au flanc des montagnes. Une chute de neige chasse la suivante. Notre progression est affreusement lente. Le septième jour, nous sommes encore très loin du dépôt de nourriture que nous aurions dû atteindre ce jour-là. Le vent souffle si violemment que nous ne pouvons dresser les tentes. À bout de forces, nous nous enterrons dans la neige pour dormir. Le douzième jour, les deux chiens que nous avions emmenés pour nous prévenir de l'éventuelle présence d'ours, terrifiés par le vent, refusent d'avancer et la nourriture commence sérieusement à manquer. Le quatorzième jour, entre deux tempêtes, nous parvenons enfin au dépôt de nourriture, affamées.

Depuis des décennies, jamais de telles conditions n'avaient été enregistrées au Svalbard à cette époque de l'année. Du fait du changement climatique, les conditions météo sont de moins en moins prévisibles, les précipitations plus fréquentes, les tempêtes plus violentes. Le Svalbard devient plus sauvage que jamais.

Enfin, le thermomètre affiche des températures de saison, entre - 15 °C et - 20 °C. Avec le froid, le calme revient, le soleil brille, le vent tombe. Notre itinéraire descend vers le sud. Nous ne cédons pas à la tentation de regagner Longyearbyen, y trouver des douches brûlantes et des lits douillets et poursuivons notre programme, en particulier la collecte des échantillons de neige tous les 5 kilomètres, soit une centaine d'échantillons au total, en plus des « constantes » habituelles : épaisseur, température, densité. Nos échanges sont fluides, nos gestes coordonnés et rapides – à chaque arrêt le froid mord méchamment. Les épreuves extrêmes de ces semaines en révélant nos forces et faiblesses ont renforcé notre entente et confiance mutuelle.

Il y aura ce dernier jour, cette dernière course de 34 kilomètres vers Calypsobyen, – l'état de la glace et notre retard accumulé nous ont dissuadées de gagner comme prévu Hornsund. Nous effectuerons ces derniers efforts dans une lumière cristalline, rose, mauve, orange, droit vers le soleil de minuit, et la joie magique nous emplit malgré l'extrême fatigue.

En dépit de l'itinéraire légèrement abrégé, nous pouvons dire que nous l'avons fait ! Nous avons montré qu'il était possible de pratiquer une autre science, plus propre. Nos émissions de carbone n'étant malheureusement pas nulles (l'avion pour venir, le gaz de nos réchauds), nous avons planté des arbres au sud du Groenland via l'ONG Greenland Trees pour les compenser.

Nous avons montré qu'il était possible de partir en expédition en étant empathiques les unes vis-à-vis des autres, en osant dire quand on avait froid ou que la fatigue devenait trop lourde, sans que cela impacte la qualité de notre travail. Nous avons partagé notre vie de scientifiques sur le terrain et la réalité de l'Arctique avec des dizaines de classes de collège à travers le monde.

Nous avions choisi comme devise un conseil de Nansen[1] : « Vous n'avez pas réussi ? Continuez ! Vous avez réussi ? Continuez ! »

Continuons.

1. Fridtjof Nansen (1861-1930), explorateur polaire, scientifique, océanographe norvégien, mais aussi prix Nobel de la paix pour ses actions en faveur des réfugiés et apatrides.

16

Un petit tour à la COP

Novembre 2022. J'interromps la rédaction de ce livre pour prendre l'avion (hélas !) pour Charm el-Cheikh, assister à ma cinquième COP, la COP27. Un acronyme dont on a un peu oublié qu'il signifie « Conference of Parties ».

La COP climat est une des émanations des trois traités[1] signés lors du Sommet de la Terre en 1992. Elle réunit d'une part les représentants des gouvernements – diplomates, ministres, délégués officiels, chargés de négocier et renégocier les accords et engagements de leurs pays ; d'autre part des « observateurs » : experts, scientifiques, ONG, entreprises, associations liées à l'environnement et au développement durable. Deux univers assez strictement séparés y compris sur place : la *Blue Zone* est le lieu des négociations inter-étatiques au cours de sessions marathon, la *Green Zone* regroupe les organisations, entreprises, institutions, lobbys.

1. Traités ou *conventions* sur le changement climatique, la biodiversité et la désertification. Les COP sur le climat ont lieu chaque année et rassemblent idéalement des représentants officiels des États ayant ratifié les traités de Kyoto et de Paris, par lesquels les pays s'engagent à réduire leurs émissions de gaz à effet de serre.

Des halls gigantesques abritent les pavillons et des centaines de salles de conférences, de projections, de débats.

Une multitude de *side events* se déroulent dans la fièvre ou l'indifférence, une nuée d'observateurs et autant de gens de médias se croisent dans des kilomètres carrés d'espaces délimités par des cloisons mobiles. Des centaines d'heures de discussions, autour de rapports aussi épais que complexes, truffés de chausse-trappes et d'acronymes, se prolongent jusqu'au bout de la nuit. Des négociations en quinze langues sur tous les aspects liés au climat ont lieu : inventaires, bases méthodologiques, mécanismes des compensations, marchés de quotas d'émissions…

Mais aussi des découvertes incroyables, des échanges de haut niveau et d'autres simplement humains, des rencontres informelles au sein de manifestations solennelles, des frustrations et des soulagements, des colères et des espoirs. Bref, de l'humain.

Quoi d'autre ?

Cette année, le discours vibrant d'inauguration du secrétaire général de l'ONU, António Guterres, a fait le tour du monde : « L'humanité a le choix, coopérer ou périr. Il s'agit soit d'un pacte de solidarité climatique, soit d'un pacte de suicide collectif. » Une semaine après, je croise Bertrand Piccard. Cet éternel optimiste est exaspéré : « La COP est pleine ! Voilà, ici c'est comme à chaque COP, les discours des chefs de gouvernement font un état des lieux épouvantable, ils pressent leurs pairs à l'action, aux décisions historiques aussi douloureuses soient-elles. Quinze jours se passent à discuter de la situation catastrophique et des cataclysmes à venir. Et puis finalement… ».

… Finalement, la Déclaration finale de la COP27 ne prend même plus la peine de mentionner la diminution de l'utilisation des énergies fossiles qui est le but à atteindre avec la mise en œuvre collective des solutions *qui existent déjà*… Pire, la limite du réchauffement à 1,5 °C a été attaquée par certains pour être portée à 2 °C. Ce n'est qu'in extremis qu'elle a été maintenue dans les textes finaux à 1,5 °C. Pour cela, il faudrait/faudra, non, il FAUT que les émissions de gaz à effet de serre diminuent radicalement dès aujourd'hui.

Lors d'une COP, les politiques assis à la table des négociations vivent dans la durée politique, celle des échéances électorales ou ministérielles. Un temps et une durée qui ne sont pas ceux de la glace, de la mer ou de l'atmosphère. Le temps politique est non seulement compté, mais il va boitillant, de scrutin en scrutin, de remaniement en remaniement. Or, les décisions à long terme, dérangeantes et coûteuses, ne sont pas à l'échelle de la prochaine échéance électorale, encore moins de la dernière péripétie parlementaire.

Les populations des pays qui ne sont pas d'ores et déjà atteints par les effets du réchauffement climatique ne ressentent pas de danger immédiat. L'urgence d'une action radicale leur échappe puisque tout va à peu près bien à leur porte. Par conséquent, la majorité de leurs citoyens ne fait pas de la réduction de la consommation des énergies fossiles une priorité absolue. Ils sont bien plus préoccupés par les problèmes sociaux ou économiques. Par crainte de perdre l'attention de leurs électeurs et surtout leurs suffrages, leurs représentants tentent à la COP de gagner du temps, chuchotent des avertissements, distillent les recommandations, avancent à tout petits pas pour tenter de ménager le loup, la chèvre et le chou : la conscience du réel climatique, la sensibilité de l'électeur et leur carrière.

Malgré les solennelles déclarations de principe[1], malgré les accords dont chaque terme est pesé au trébuchet et sujet à des heures de mégotages, malgré les effets d'annonce et les promesses éclatantes, les entreprises et les pays gros émetteurs de CO_2 ne sont en réalité que peu impactés financièrement. En 2022, la taxe carbone est un faux nez. Le taux d'imposition n'est pas assez conséquent pour inciter gouvernements et entreprises pollueurs à réorienter sur les chapeaux de roues leur production et consommation énergétique.

Quel intérêt, à court terme, pour les grandes entreprises de mettre en cause le système qui a fait leur prospérité alors que leurs actionnaires attendent leurs dividendes et leurs salariés leurs rémunérations ? Quel intérêt de diminuer leurs bénéfices, là, tout de suite, maintenant, s'ils n'y sont pas contraints par la fiscalité ? S'ils y gagnent ? Au niveau actuel de taxation du CO_2, préférer une énergie fossile à un investissement éolien ou solaire reste largement rentable… à court terme.

Malgré tout, l'inquiétude climatique fait lentement bouger les lignes. Les primes d'assurances industrielles et de transports explosent. Les calculs actuariels doivent être constamment revus en conséquence de la progression du nombre et de l'intensité des « épisodes climatiques extrêmes ». Les bourses de matières premières agricoles sont, année après année, confrontées à des fluctuations de plus en plus inédites. Or, le capitalisme s'est édifié autant sur la maîtrise de l'énergie que sur celle des risques.

1. Par exemple, la responsabilité des pays riches et industriels vis-à-vis des pays pauvres qui subissent les effets du réchauffement alors qu'ils ont émis et émettent moins de CO_2.

Les catastrophes à répétition, les sécheresses, les inondations, les éboulements, les incendies dérèglent sa mécanique. Non seulement dans l'immédiat en faisant exploser les coûts d'exploitation d'une année l'autre, mais structurellement en introduisant une marge exponentielle d'incertitude.

C'est un paradoxe de plus : la conscience écologique pénètre peu à peu le système économique mondial via le monde de la finance, via les fonds gérés par les compagnies d'assurances et de réassurances. Ce peut être une bonne nouvelle... En effet, le développement de l'efficacité des énergies renouvelables et leur déploiement a besoin d'investissement massif... Faut-il rappeler vraiment que contrairement au pétrole ou au gaz qui brûlent et disparaissent, le vent ou le soleil ne s'épuisent pas ? Et qu'une fois l'investissement amorti, ces énergies vont se révéler très rentables ?

Et pourtant, COP après COP, les propositions de diminution du rôle des énergies fossiles sont vécues comme des atteintes au développement économique, à la simple prospérité, voire à la stabilité économique.

Ceux qui, au fil des COP, tentent de ramener le débat sur la réduction des énergies fossiles, ceux qui insistent, s'épuisent en démonstrations et explications, sont confrontés à deux principaux adversaires.

Le premier est connu : les lobbies.

Les lobbies qui œuvrent pour les pays, entreprises, industries dont l'existence et les profits dépendent du gaz, du charbon et du pétrole. À Charm el-Cheikh, il y avait plus de six cent trente-six lobbyistes. Leurs moyens, à la hauteur de leurs enjeux, sont colossaux, leurs réseaux puissants, leurs leviers multiples. En face d'eux, les réseaux d'universitaires, de scientifiques avancent en ordre dispersé, sans beaucoup de moyens, avec une expérience médiatique encore balbutiante.

On croit voir, trente ans plus tard, se rejouer la farce tragique de l'industrie du tabac opposée aux malades et aux médecins.

L'autre adversaire, auquel sont confrontés ceux qui rappellent la nécessité primordiale de la réduction de l'usage des énergies fossiles, est un mal beaucoup plus insaisissable, invisible et silencieux que les gens du pétrole ou du charbon. Un mal tabou, comme la nudité du roi du conte d'Andersen. L'évoquer, c'est se trouver en butte à l'incrédulité ou à la dénégation.

Ce mal est simplement le manque de connaissances scientifiques, le manque de compréhension de la crise qui est en train de se dérouler sous nos yeux. Ces lacunes se découvrent jusque parmi les négociateurs du climat. Le manque d'une connaissance solide sur le climat ou la glaciologie des responsables, quel que soit d'ailleurs leur niveau de responsabilité, est un obstacle que les scientifiques ont largement sous-estimé ; pire, dont la classe politique et les médias se croient indemnes. Lorsqu'un programme de formation sur les problématiques scientifiques liées au climat a été proposé à l'Assemblée nationale, seuls trente députés ont répondu présents…

Cette méconnaissance des mécanismes physiques du réchauffement est une faiblesse transformée en filon par les lobbies liés aux intérêts du pétrole et du gaz. En excellents marchands de doute, ces derniers savent jouer de toutes les réticences, cultiver les défiances, entretenir les rancœurs des climato-sceptiques refoulés, etc. Tout est prétexte pour gagner du temps : utiliser les vieux antagonismes des pays entre eux, dresser les intérêts des uns contre les autres, riches contre pauvres, coupables et victimes ; détourner l'attention des médias et des négociateurs ;

ralentir tous les processus par des questionnements mineurs ou en réclamant des délais de mise en œuvre ; user de toutes les ruses, de tous les miroirs aux alouettes pour détourner l'attention du réel constituent des procédés efficients – jusqu'à l'année suivante. Pendant ce temps, *business as usual.* On joue aussi sur cette notion de consensus sur laquelle reposent toutes les décisions. Comment espérer rassembler 200 pays dans la même salle et les mettre tous d'accord sur des objectifs ambitieux de réductions de leurs émissions de gaz à effet de serre ?

L'un des montages le plus performant de l'industrie pétrolière dans ce travail de sape a été de rejeter l'effort de la réduction des émissions sur l'individu, le consommateur au lieu de l'entreprise, du producteur et vendeur.

Là aussi, nous retrouvons les stratégies de défense de l'industrie du tabac. Après tout, c'est la faute du fumeur s'il fume et s'il n'a pas la volonté de s'arrêter.

Je ne résiste pas à relever que même l'expression *réduction des émissions des gaz à effet de serre* est un élément de langage répandu par ces mêmes lobbies. Si l'expression n'est pas fausse, elle n'est pas sincère.

Elle complique l'énoncé du but à atteindre.

Elle détourne l'attention en la focalisant sur l'effet (l'émission de gaz responsables de l'effet de serre) au lieu de désigner clairement l'origine : l'extraction et l'exploitation du charbon, du pétrole et du gaz.

Ce qu'il faut réduire, au plus vite, c'est la production et la consommation des énergies fossiles.

Exactement ce que les producteurs d'énergie fossiles ne veulent pas entendre et ne peuvent pas dire. Il est grand temps, pourtant, de s'aviser que le coup d'arrêt du pétrole et du gaz ne signifie pas la fin de l'humanité. Au contraire.

Mais à la COP il se passe aussi des choses heureuses. À côté de la mesure-phare – la mise en place d'un fond spécifique pour les pertes et préjudices liés au réchauffement –, il y a eu cette déclaration d'alerte sur l'augmentation du niveau de la mer et de protection sur la cryosphère, à l'initiative du Chili et de l'Islande, avec d'autres pays comme le Sénégal, Samoa ou la Norvège. Il y a eu, dans le cadre des négociations formelles, la reconnaissance des impacts du changement climatique sur la cryosphère, du besoin de mieux les comprendre ainsi que les points de bascule – l'instant où ces changements deviennent irréversibles. Il y a, enfin, le maintien de l'objectif de 1,5 °C dans les décisions chapeaux de la COP27. C'est la première fois que les termes cryosphère et point de bascule sont mentionnés ensemble dans une décision officielle d'une COP…

J'en suis repartie gonflée d'énergie. En paraphrasant Armstrong sur la Lune, un petit pas pour la COP, un grand pas pour l'humanité ?

17

Et l'avenir, Heïdi ?

C'est une question comme ça, en passant dirait-on. Une question bienveillante. Tu te vois comment, Heïdi, dans deux ans, huit ans, quinze ans ? Et le monde, dis-moi, tu l'imagines comment dans deux ans, huit ans, quinze ans ? Oui, une question banale, de celles que posent les parents ou les copains d'école que l'on n'a pas vus depuis longtemps. Ou les potes – enfin, ceux qui ne sont ni glaciologues ni climatologues – en fin de soirée.

Une question qui me frappe de mutisme.

Je n'y réponds pas, je ne peux pas, j'ai beau y réfléchir, la tourner dans tous les sens, la confronter à mes rêves d'enfant, à mes élans d'ado. Rien à faire.

Je suis absorbée dans l'ici et maintenant. Ma conscience d'être pleinement dans le présent est celle d'un médecin qui craint que le cœur de son patient ne lâche. Celle du marin qui voit le baromètre brutalement chuter. Celle du grimpeur dont la corde est cisaillée par une roche au fur et à mesure de son ascension. Celle du pompier de Notre-Dame qui redoute l'effondrement des tours. Ça clignote dans ma tête :

1,5 °C.

1,5 °C.

La hausse des températures ne doit pas dépasser 1,5 °C.

Ce 1,5 °C fait écran à tous mes rêves d'avenir et, avec moi, ceux de chaque scientifique du climat. Je ne peux pas esquisser un projet global ou personnel sans en passer par les cinq scénarios du GIEC définis en 2021. Du plus favorable où les émissions de carbone diminuent drastiquement et atteignent la neutralité carbone en 2050, soit l'objectif de l'accord de Paris (SSP[1]1-1.9) au plus catastrophique où les émissions de carbone continuent à augmenter au rythme actuel jusqu'à atteindre une concentration de CO_2 deux fois supérieure aux niveaux actuels en 2050 (SSP 5-8.5).

Il est impossible de concevoir le monde qui vient hors de la question climatique, car c'est le climat qui rend possible notre monde tel qu'il est.

Plus les températures augmenteront, plus la météo sera imprévisible, plus les tempêtes, les canicules, les sécheresses, les chutes torrentielles de pluie, de neige, de grêle, les vagues de froid, les dômes de chaleur, seront fréquents et longs, parfois très localisés, parfois affectant des pays entiers. Et plus les phénomènes seront imprévisibles et extrêmes, plus incertaines seront les récoltes, plus fragiles seront les États, plus troublée sera chaque destinée humaine. L'avenir, d'année en année, plus flou.

Pour la cryosphère, la température de 1,5 °C est un point de bascule capital à prendre en compte. Au-delà de 1,5 °C, de nombreuses transformations de la banquise, du Groenland, de l'Antarctique, du permafrost, deviendront irréversibles. C'est-à-dire que la désintégration de ces éléments naturels par nos activités continuera à nous impacter sur des siècles, des millénaires, voire des dizaines de milliers d'années une fois ce seuil franchi. Les conséquences de cette augmentation de

1. SSP pour Shared Socioeconomic Pathways.

température seront définitives, même si plus tard nous trouvons un moyen miraculeux pour ne plus émettre de gaz à effet de serre et enlever le CO_2 excédent de l'atmosphère pour retourner à des concentrations vues avant la révolution industrielle.

Dépasser 1,5 °C de réchauffement a des conséquences très concrètes.

Ainsi, pour nos glaciers des Alpes, dépasser 1,5 °C de réchauffement signifie voir disparaître la glace de nos montagnes d'ici la fin du siècle. Rappelons que ces glaciers sont nos châteaux d'eau, qu'ils permettent la production d'hydroélectricité, d'irriguer nos cultures, de maintenir le débit des rivières et de refroidir nos centrales nucléaires pendant l'été.

Au-delà des Alpes, 3,5 milliards de personnes sur Terre dépendent de l'eau des glaciers.

Pour nos calottes polaires, nos inlandsis, le Groenland et l'Antarctique, rester sous les 1,5 °C limiterait l'augmentation du niveau des océans de 2 à 3 mètres sur les prochains siècles, alors que dépasser les 2 °C de réchauffement par exemple nous garantit une augmentation rapide et très importante pouvant dépasser les 10 à 20 mètres.

La banquise arctique a déjà franchi son point de non-retour pour la saison d'été (avec la concentration actuelle de CO_2, les étés seront sans banquise en Arctique d'ici la fin du siècle), mais pas encore pour la saison d'hiver. Pour garder de la banquise sur l'océan Glacial arctique en hiver et bénéficier de ses services (stabilisation du climat, biodiversité), il faut rester sous les 2 °C.

À 1,5 °C de réchauffement, le permafrost libérera autant de gaz à effet de serre que l'Inde aujourd'hui, et ce pendant au moins cent cinquante à deux cents ans. À 2 °C de réchauffement, le niveau de gaz à effet de serre émis correspondra à celui de l'Union européenne, et à partir de 2,7 °C de réchauffement cela sera équivalent à celui des États-Unis. Le permafrost est un pays – et un grand pays – à prendre en compte dans le bilan carbone mondial.

De nombreux États pensent qu'il est impossible, dans l'état actuel, de ne pas dépasser 1,5 °C[1], mais qu'en revanche, plus tard, d'autres générations arriveront à corriger le tir. Mais aujourd'hui nous ne pouvons rien remettre à plus tard. Les 1,5 °C sont une limite absolue que nous allons franchir allègrement si aucun changement majeur n'est engagé au niveau mondial.

Il n'y a jamais eu autant de CO_2 dans l'atmosphère depuis 3 millions d'années, c'est-à-dire, bien longtemps avant l'apparition d'*Homo sapiens*. Pourtant il est encore temps de corriger nos erreurs.

Le challenge est monumental, mais nous avons aujourd'hui toutes les cartes en main pour le relever – à condition de ne pas céder au défaitisme, à la tentation apocalyptique, au déni.

Depuis le premier rapport du GIEC, trente ans ont passé. Depuis que Chirac a sonné l'alerte sur le fait que notre maison brûlait, vingt ans se sont écoulés. Des décennies d'inertie. Des années à ergoter sur la réalité anthropique ou non de l'effet de serre, des années à ne pas y penser comme à la priorité. Un seuil, celui de la prise de conscience, a été franchi. La bonne nouvelle est que ce passé de déni et d'ignorance est derrière nous – ou presque.

La conscience d'un changement majeur des conditions climatiques s'est enfin généralisée, les connaissances scientifiques de la société s'amplifient. Les effets de cette révolution mentale

1. Ce que l'on appelle l'« *overshooting* » dans les textes des négociations.

commencent à poindre. Bon gré, mal gré les gouvernements mettent en œuvre la transition énergétique, incitent les particuliers, les entreprises, les collectivités à augmenter leur résilience*, et à diminuer leur empreinte carbone*. L'Union européenne taxe plus lourdement les pays qui ne sont pas réactifs – dont la France qui va devoir débourser 500 millions d'euros pour ne pas avoir atteint ses objectifs en termes d'énergies renouvelables. En 2020, la part des énergies vertes était seulement de 19 % alors qu'on attendait 23 %. Nous sommes le seul pays de l'UE des 27 à être taxé ainsi.

C'est le début du commencement.

Il ne nous reste qu'une marge minuscule pour ne pas dépasser 1,5 °C. Puis l'arrêter, et peut-être, vers 2100, inverser le processus. Il faut être beaucoup plus ambitieux dans nos actions dès aujourd'hui, car nous devons d'abord réduire nos émissions de gaz à effet de serre en France de moitié en 2030 par rapport à 1990, soit doubler le rythme annuel de réduction des émissions entre 2022 et 2030[1].

Une course contre la montre.

Mais une course contre la montre, ça se gagne !

À la fin des années soixante, après la diffusion des premières photos de la Terre prise de l'espace, une expression se répandit : le vaisseau spatial Terre. Ce n'était pas une très bonne formule, elle faisait de la Terre une espèce de construction technologique. Cependant elle exprimait une prise de conscience fondamentale, celle de l'isolement, de la fragilité et de la finitude de la planète dans le noir et le vide de l'espace. Ce n'était pas seulement la vie

1. https ://www.hautconseilclimat.fr/wp-content/uploads/2022/06/Rapport-annuel-HCC-2022-Resume-executif.pdf

de l'homme qui était solitaire et limitée mais celle de ce globe, dans le système solaire, lui-même dans une banlieue de la Voie lactée, elle-même aux confins de l'Univers.

Nous, êtres humains, bêtes, plantes, mers et glaces ne sommes pas séparés, nous interagissons et habitons ensemble une maison commune. Nous n'en avons pas d'autre. Et, si nous la partageons, c'est que l'humain et le non-humain ont formé des systèmes d'écologie circulaires et trouvé un point d'équilibre. Celui-là même que nous risquons de perdre si la hausse des températures dépasse 1,5 °C, en déréglant tout le reste.

1,5 °C.

Concrètement, que faire pour atteindre cet objectif de 1,5 °C ?

Il faut utiliser sa voix. D'abord voter. Voter pour celles et ceux qui comprennent l'urgence climatique dans laquelle nous sommes. Passer au crible les programmes des candidats en gardant ce critère en tête. Voter à chaque élection, toutes les élections : présidentielles, législatives, régionales, municipales, mais aussi à celles des comités d'entreprise, des délégués à l'université, des syndicats, des assemblées générales, des prud'hommes, des associations, même de syndic, à toutes celles où vous pouvez voter et/ou proposer des mesures de réduction des émissions de gaz à effet de serre.

Je sais que bien des gens, surtout les jeunes, ne se retrouvent pas, en France et ailleurs, dans les systèmes et les choix politiques qui leur sont proposés. Mais ils sont là. Que ça plaise ou non, ils modèlent la société, ils préparent les lois. Pour l'instant il faut *faire avec*. Tout de suite et maintenant. Pour les prochains mois, les prochaines années. L'urgence ne signifie pas la précipitation, mais nous n'avons pas le temps d'attendre le changement de génération ou de système, bien qu'il soit plus que nécessaire et urgent, alors soyons pédagogues et efficaces, ciblons des objectifs concrets et précis et ne lâchons pas prise. Tout mouvement contient une force d'entraînement qu'il faut exploiter pour que le moteur de la transition tourne de plus en plus vite.

Ensuite, il est important de calculer son empreinte carbone. L'exercice est révélateur et nous arrache à nos préjugés ou à nos illusions. Il dévoile brutalement à quel point notre existence a partie prenante, dans tous ses aspects, à la combustion d'énergies fossiles. Transports et chauffage, mais aussi alimentation, textile, numérique. Pour que nous regardions une série sur notre canapé, il y a eu des extractions, des fabrications, des actions de toutes sortes, ici, ou à l'autre bout du monde, qui toutes, absolument toutes, ont émis un gaz à effet de serre.

Il ne s'agit pas de culpabiliser ou de stigmatiser, mais d'apprendre à évaluer les conséquences de notre mode de vie, de nos choix mais aussi de nos contraintes. Pour le célibataire rural, la famille vivant en banlieue, le couple urbain, le résident d'un grand ensemble ou l'habitant d'un pavillon, les stratégies de réduction d'émission ne peuvent être les mêmes. Les outils de calculs d'empreinte carbone sont l'équivalent d'un scanner médical qui donne à voir les zones lésées, c'est-à-dire celles à soigner.

Certes 10 % des plus riches de la planète produisent la moitié des émissions mondiales de CO_2 et le président de la République en deux allers-retours pour assister à la Coupe du monde de football au Qatar[1] a émis autant de carbone qu'un Français moyen en cinquante-trois ans. « Plus grande est notre empreinte, plus

1. https ://www.lepoint.fr/societe/coupe-du-monde-2022-le-cout-exorbitant-des-allers-retours-de-macron-au-qatar-18-12-2022-2502181_23.php

grand est notre devoir[1] » devrait être la devise de ceux qui ont « les moyens ». Que dira l'Histoire à leur sujet ? Est-il possible de souhaiter ne laisser qu'une trace destructrice de son passage sur Terre ?

Être ensemble pour sauver les glaces et la stabilité de notre monde, serait-ce aussi préparer une société moins divisée entre très riches et très pauvres ?

Que faire encore ? Sortir de soi, de sa coquille, de ses réflexes. S'informer des initiatives locales, par exemple. Se mettre au service, offrir un peu ou beaucoup de son temps et de ses compétences. Avoir l'humilité et la curiosité d'aller vers ce qu'on ne connaît pas et se dépasser. Les initiatives de toutes sortes fleurissent au sein d'associations loi de 1901 ou, de façon plus informelle, en collectifs. L'action locale, ciblée, détient une puissance en cercles concentriques dont elle ignore elle-même l'étendue. Non loin de mon village, une association Coll'air Pur a lancé le Repair Café qui s'est donné comme tâche de réparer les appareils d'électroménager en panne. Non seulement le Café fait faire des économies, tisse des liens entre les gens qui ne se seraient pas rencontrés autrement, casse les déterminismes sociaux, mais ces appareils remis en circulation ne brûleront pas dans l'incinérateur voisin, ne participeront pas à la dégradation de l'air dans la vallée de l'Arve, n'enverront pas de particules qui viendront se déposer sur les glaciers tout proches… ou lointains. Le Repair Café, dans son petit coin du monde, à sa toute petite échelle, enraye les cercles vicieux.

Enfin, il est indispensable de s'éduquer sur ce sujet. Puisque les médias ont encore du mal à faire que cette crise qui menace

1. Citation de Greta Thunberg.

notre existence (dixit le dernier rapport du GIEC) domine les médias comme le COVID a pu le faire pendant des mois, à nous de prendre notre éducation en charge, avec le soutien des scientifiques. Ne laissons personne continuer à semer le doute, à essayer de nous diviser. Nos décisions doivent être nourries par la science, et nous, scientifiques, devons absolument sortir de nos laboratoires. Il est temps de comprendre qu'un rapport scientifique, une fois publié, n'est que le début de notre devoir de partage de connaissance. La science n'a pas d'impact si elle n'est pas communiquée.

Toutes ces actions comptent, mais elles ne seront pas suffisantes pour arriver à rester sous les 1,5 °C sans s'appuyer sur un mouvement global de sobriété, à tous les niveaux. La branche Environnement de l'ONU elle-même le dit : avec le retard que nos gouvernements ont pris pour réduire efficacement notre consommation d'énergies fossiles, il n'y a plus de trajectoire crédible pour rester sous les 1,5 °C, sans une transformation rapide de nos sociétés[1] et donc aussi de notre philosophie de vie. Pour la première fois, le GIEC a défini ce qu'est la sobriété : « Un ensemble de mesures et de pratiques quotidiennes qui permettent d'éviter la demande d'énergie, de matériaux, de terres et d'eau tout en assurant le bien-être de tous les êtres humains dans les limites planétaires. »

Au cours de notre expédition Climate Sentinels, après trois semaines à tirer nos pulkas, nous avons rencontré, à des centaines de kilomètres de toute civilisation, deux reines de la sobriété. Deux femmes qui n'avaient pas le luxe de gâcher,

1. https://www.unep.org/resources/emissions-gap-report-2022?gclid=CjwKCAiAwc-dBhA7EiwAxPRylFObT4ZhuyfaVsY1I_B4aoA-wz7rn2J0pk5Xz29xWjhAvi9YZa-KIhoCOjEQAvD_BwE

de trop consommer, de jeter sans réutiliser. Hilde et Sunniva achevaient leur deuxième hivernage de suite dans une petite cabane en bois au fin fond du Svalbard, afin de récolter des données scientifiques pour de nombreux instituts internationaux. Nous avons passé deux jours avec ces deux « citoyennes scientifiques » à découvrir leur mode de vie. Quand je leur ai demandé quel était le secret de la vie en isolement, neuf mois de l'année, dans l'environnement extrême du Svalbard, elles ont répondu en chœur : « *Waste less* ! » (Moins gaspiller !) Car dans leur petite cabane de Bamsebu, construite avec du bois apporté par la mer, on prend pleinement conscience de l'effort que nécessite chaque petite action de la vie quotidienne et son impact sur l'environnement.

À Bamsebu on ne peut pas ouvrir le robinet pour se servir un verre d'eau. L'eau, c'est d'abord de la neige, ou de la glace, qu'il faut aller chercher à l'extérieur – quelle que soit la température, le vent, et dans la nuit –, tailler des morceaux, la transporter, la faire fondre dans la cabane, la filtrer, la faire bouillir et enfin la boire. Autant dire qu'elles ne gaspillent pas l'eau en la laissant couler lorsqu'elles se brossent les dents.

À Bamsebu on ne laisse pas les lumières allumées. L'électricité est produite par deux larges panneaux solaires en été, et une petite éolienne en hiver. Juste ce qu'il faut pour faire fonctionner une lampe ou deux, et surtout pour les moyens de communication essentiels en cas d'urgence. Quand il y a assez d'énergie pour assurer les éléments indispensables au quotidien, Hilde et Sunniva chargent leur ordinateur portable pour échanger avec des écoles du monde entier. Leur projet « Hearts in the Ice » a formé des dizaines de milliers d'élèves à l'importance de l'Arctique et au changement climatique. Et à l'enseignement de la sobriété, simplement en la vivant.

Vous me direz que cette aventure polaire est exceptionnelle et choisie par ces deux femmes. Elles ont souhaité se mettre dans une telle situation pour avoir un impact positif sur la science, sur l'Arctique. Mais que pouvez-vous en tirer dans votre vie quotidienne ?

Vus de l'extérieur, ces deux hivernages paraissent rudes et contraignants, mais elles m'ont confié ne jamais s'être senties aussi libres, aussi heureuses d'avoir retrouvé cette simplicité de vivre à l'état pur. C'est ce que le désencombrement, le refus de gaspillage, nous offrent, qui que nous soyons.

Souvent, je repense à elles. À cette parenthèse de liberté à la fin de notre expédition. À leur façon de vivre, à leur épanouissement. J'envie encore aujourd'hui la force de cette connexion avec la nature et avec leur vérité profonde. Je l'ai ressentie profondément à leurs côtés : il n'y a pas d'impact plus fort que celui de l'exemple.

Mais elles ne cachent pas que leur empreinte carbone n'était pas nulle. Que pour récolter certaines de leurs données, elles utilisaient leurs scooters des neiges. Que, comme moi, elles étaient venues au Svalbard en avion. Qu'en habitant au Svalbard, on a une empreinte carbone beaucoup plus importante que celle d'un Norvégien ou un Français moyen.

Certes, cette dépense de carbone est utilisée pour la science et pour alerter sur l'urgence climatique, mais…

Cette question me taraude. Comment ne pas y penser dans ces avions que je prends pour aller aux conférences du climat, à des réunions au Canada ? Ou pour étudier des glaciers de l'autre côté de la Terre ? Aujourd'hui on ne peut pas influencer des négociations sans y être en personne. On ne peut pas étudier des glaciers sans s'y rendre.

Alors ?

Hilde m'a un peu rassurée : « Nous n'avons pas besoin d'une poignée de personnes qui recyclent parfaitement. Nous avons besoin de millions de personnes qui recyclent, peut-être pas parfaitement, mais qui le font de façon consciente, pour vraiment avoir un impact. »

Choisir l'impact le plus positif pour le climat et la société, à la fois dans nos choix quotidiens et dans nos orientations de vie, c'est aussi cela la sobriété.

Le refus de la sobriété mène à un autre péril : la conception de techniques risquées voire dangereuses pour résoudre la crise climatique.

Dans la famille des propositions pour lutter contre le changement climatique, donnez-moi la carte des « fausses bonnes solutions » : la géo-ingénierie. Il s'agit de l'ensemble des techniques qui visent à manipuler le climat pour grossièrement « corriger » l'impact de l'homme sur l'environnement.

En octobre dernier, en Islande, je participais à la conférence internationale, l'« Arctic Circle Assembly ». Ce fut une semaine de discussions vives entre le monde académique, le monde politique et la sphère économique sur le présent et le futur de l'Arctique. Le discours de Roberta Marinelli, directrice du Bureau pour les programmes polaires de la National Science Foundation des USA (équivalent à notre Institut polaire français – IPEV), m'a particulièrement interpellée.

Alors que ses collègues, directrices de la British Antarctic Survey ou de AWI, l'Institut allemand polaire, appelaient à la réduction la plus rapide possible de la consommation d'énergies fossiles pour échapper à la désintégration des régions polaires, l'Américaine insistait sur l'importance de ne pas passer à côté des *climate interventions* (interventions climatiques) qui pourraient rapidement nous tirer de ce mauvais pas.

Que signifient au juste les *climate interventions* ?

Il s'agit d'une ribambelle de technologies qui sont en train de naître et de proliférer pour résoudre un problème global… causé par la technologie. Un des grands axes de recherche est le contrôle du rayonnement solaire, soit en rendant des surfaces terrestres plus claires, plus réfléchissantes (construire des champs de miroirs, projet mené par Harvard University ; remplacer la banquise perdue de l'Arctique par des sphères flottantes en silice blanche par le projet *Arctic Ice Project*), ou en bloquant une partie du rayonnement solaire avant qu'il n'atteigne la surface terrestre (éclaircissement des nuages marins, ou injections de particules de soufre dans la stratosphère, projets menés, tambour battant par plusieurs instituts dont le Centre for Climate Repair de l'université de Cambridge).

Plus sexy que l'arrêt des énergies fossiles ou que la sobriété, les *climate interventions* permettent de continuer d'exploiter le gaz, le pétrole et le charbon tout en essayant de *corriger* l'augmentation des températures. En d'autres termes, un court-circuit a mis le feu aux spots, mais on se contente de tirer une bâche entre les flammes et les danseurs. L'essentiel est que la fête continue.

Les entreprises de géo-ingénierie font les yeux doux aux investisseurs qui redoutent plus que tout la décroissance et aux gouvernements qui détestent les mesures drastiques et impopulaires, en prenant le risque d'encore un peu plus dérégler notre climat… pour le bénéfice immédiat de quelques-uns.

Derrière ces projets, on découvre parfois des universités internationales à la réputation impeccable, mais surtout des individus qui sont rarement des climatologues, glaciologues ou océanographes mais des ingénieurs. Ils souhaitent évidemment, comme les climatologues, glaciologues ou océanographes, résoudre le problème de la crise climatique, mais, contrairement aux scientifiques purs, ils pensent le climat de façon simplifiée, en raisonnant comme des ingénieurs (la panthère meurt avec ses taches, dit-on), c'est-à-dire en proposant des solutions purement technologiques.

Pour le dire crûment, les ingénieurs nous agacent, nous, les scientifiques de terrain.

La géo-ingénierie ne résout en rien le problème à la source, c'est-à-dire les énergies fossiles. Bien au contraire. Elle donne carte blanche aux industries extractrices pour nous maintenir dépendants aux énergies fossiles un peu plus longtemps et continuer à brûler, la conscience tranquille, du gaz, du charbon, du pétrole.

Peut-être que les températures se stabiliseraient avec ces solutions technologiques, mais les conséquences sur la qualité de l'air seraient désastreuses. Plus de 4,2 millions de morts prématurées sont liées chaque année à la pollution de l'air (pour mémoire, le COVID en 2020 aurait causé 3 millions de morts). Sans oublier les dégâts trop connus, liés à l'industrie du pétrole, du charbon et du gaz : marées noires, pollutions des sols et des aquifères.

Cela semble pourtant si simple et si séduisant : il suffirait d'appuyer sur un bouton pour bloquer une partie du rayonnement solaire. Notre climat serait pour toujours sous perfusion d'injections de soufre. Bien. Imaginons-le. Imaginons que cela marche et ne produise pas de dommages collatéraux. Soyons fous.

Imaginons alors que quelque chose ait lieu.

Quelque chose d'imprévu, comme une guerre.

Ou une pandémie.

Voire une crise économique.

Vous voyez ? ce genre d'événements incontrôlables et récurrents de l'Histoire. Imaginons que l'humanité aux prises avec cette guerre, cette crise, cette pandémie, n'ait plus les moyens d'injecter la quantité de soufre nécessaire pour bloquer le rayonnement solaire. Ou qu'une puissance ou un dirigeant fou (si, si, ça existe) prenne en otage cette injection. Les températures pourraient alors augmenter de plusieurs degrés en quelques années à peine, avec toutes les conséquences que nous savons.

Un de mes professeurs d'université disait souvent : « Attention. On ne résout pas les problèmes, on les déplace. » La géo-ingénierie est l'illustration parfaite de cette formule.

Lorsque la start-up américaine « Make Sunsets » a décidé de tester des injections stratosphériques de soufre fin 2022, je ne pense pas qu'elle savait que les conséquences pouvaient être désastreuses : modifications des cycles de saisons, intense sécheresse ou au contraire extrêmes inondations, réduction du rayonnement solaire au-dessus de cultures agricoles, pluies acides, etc. Ce n'est pas son expertise, mais la nôtre d'évaluer les interactions et d'en tirer des projections.

La démonstration de « Make Sunsets » n'était qu'une opération marketing, avec quelques microgrammes de soufre, et non une expérience à grande échelle. Heureusement. Mais cet essai a mis en lumière le manque criant de gouvernance et de réflexion de fond sur le sujet. Il est urgent que les États, les gouvernements, les institutions scientifiques, les femmes et les hommes de science, alertent, encadrent ou même interdisent les initiatives des apprentis sorciers et leurs propositions technologico-rassuristes.

Malgré ma détestation de ces fausses solutions, il reste néanmoins une technique de géo-ingénierie déjà en place, dont nous aurons forcément besoin à grande échelle à l'avenir : la capture et le stockage du CO_2. Certes des écosystèmes savent très bien le faire naturellement. Les océans polaires, notamment, sont parmi les plus grands puits de carbone sur Terre avec les forêts, les zones humides, le permafrost quand il reste gelé. Tout cela absorbe une partie des émissions de gaz à effet de serre que nous produisons.

Une partie seulement. Ces écosystèmes ont des limites.

La forêt amazonienne, soumise au stress que représente l'augmentation des températures et la déforestation, a cessé d'être un puits de carbone qui agit avec nous. Elle devient une source de carbone qui agit contre nous, catalysant le changement climatique. C'est aussi le cas du permafrost. Quand le sol gelé commence à dégeler, il s'agit d'un processus qui ne reste pas constant mais va s'accélérant. Et, quand un écosystème naturel se met à rejeter lui-même des gaz à effet de serre, on ne peut pas lui imposer une nouvelle réglementation. Il faut composer avec lui.

Il n'y aura pas de neutralité carbone si nous ne nous débarrassons pas des émissions produites par les écosystèmes que nos activités ont transformés en sources de CO_2. Dans ce cas, l'ingénierie de capture peut se révéler efficace.

(J'insiste. Uniquement dans ce cas. Cette technique ne doit pas, là encore, donner un coup de main aux industries fossiles pour continuer leurs funestes activités.)

Il y a un pays où cela marche très bien depuis de nombreuses années : l'Islande. J'avais eu la chance de visiter une installation de capture et séquestration de CO_2 lors d'un tournage de Terres Extrêmes. Le projet Carbfix récupère les petites quantités de CO_2 émises par la centrale géothermique de Hellisheiði, le dissout dans de l'eau sous forte pression et l'injecte dans d'anciens puits de forage géothermiques en contact du basalte. Et là, miracle, en deux ans à peine, grâce à la présence de roches réactives comme le basalte, 95 % du CO_2 injecté s'est minéralisé. Il devient une roche, une sorte de calcaire qui ne risque pas de bouger avant quelques milliers d'années. Le succès est essentiellement dû aux circuits courts, typiquement islandais, et surtout à la roche mère d'origine volcanique.

Il ne sera, hélas, pas simple de trouver des conditions aussi parfaites ailleurs sur Terre.

Épilogue

Au sein d'un paysage glacé du Svalbard, face à la mer, s'érige un bâtiment en béton brut ressemblant à une étrave de sous-marin qui serait fichée dans le flanc d'une montagne. Cet étrange édifice en béton brut, aux lignes aiguës, n'a rien à voir avec les constructions militaires de la guerre froide, ni les infrastructures du port ou de l'aéroport. Il ne se laisse pas déchiffrer au premier coup d'œil.

À l'intérieur, 120 mètres de tunnel s'enfoncent dans la montagne. Il y fait froid, de plus en plus froid, au fur et à mesure que l'on y progresse, en franchissant successivement cinq portes blindées électroniquement verrouillées. Enfin, on arrive dans une immense salle au cœur du permafrost. Son petit surnom : *Doomsday Vault*, quelque chose comme la crypte de l'Apocalypse.

Trois portes recouvertes de glace se devinent dans la paroi. Elles ouvrent chacune sur d'immenses chambres fortes dont une seule est actuellement utilisée. Sur des dizaines de mètres de rayonnages sont stockées des millions de semences du monde entier, déposées par des centaines de gouvernements, de banques de gènes, d'institutions agricoles.

Le Svalbard Global Seed Vault a pour vocation la préservation de la diversité végétale en cas de catastrophes généralisées ou tout simplement de conflits – la Syrie a ainsi récupéré ses semences en 2015, avant d'en renvoyer de nouvelles les années suivantes, après les avoir multipliées.

Chaque graine, minuscule, paraît si dérisoire ! On est si tenté de penser qu'elle ne sert à rien, qu'elle ne changera rien, qu'elle ne sauvera rien. De la même façon, dans les moments de découragement, à chaque mauvaise nouvelle des glaces et du monde, paraissent si vains les efforts de sobriété, les injonctions « aux petits gestes ». À quoi bon manger peu ou pas de viande, prendre son vélo, faire pousser quelques légumes, louer ses vêtements ou les acheter d'occasion ? À quoi bon consommer moins et réduire ses déchets ? Comme cela est loin du Larsen C pourri d'eaux de fonte, des inondations au Pakistan ou des incendies en Australie.

Une graine est toute petite comme chacun d'entre nous qui sommes chacun un fragment infinitésimal d'une humanité de 8 milliards d'individus.

Pourtant, nous sommes tous au cœur d'un cercle, celui où nos décisions les plus quotidiennes, les plus banales, font, jour après jour, une différence.

C'est dans ce cœur de nos existences, que Jean-Louis Étienne appelle notre « zone d'influence », que se gagnera la bataille pour sauver les glaces.

Dans les années 1910, ma grand-mère enfant prenait le train du Montenvers qui emmenait des touristes voir la Mer de Glace. Vers 2080, ma petite-fille aura à peu près mon âge. M'entendra-t-elle parler des glaciers qui autrefois se trouvaient dans les Alpes, alors qu'elle n'en aura jamais vu ? Je n'ai pas de pire cauchemar.

Ou bien est-ce elle, qui me dira que les glaciers sont encore là. Que la fonte est stabilisée, qu'il y a même bon espoir que, quand elle-même sera grand-mère, vers 2140, ils auront repris la taille que j'ai connue quand j'étais petite.

Sauver la glace et nous sauver, cela ne dépend que de moi, que de vous en 2023, 2024, 2025, 2026…

Les vieilles recettes ont abîmé la Terre, les relations sociales et humaines ont séparé les hommes de la Nature d'une façon qui les a séparés d'eux-mêmes. Elles ont abîmé les rêves de bonheur en les confondant avec les standards de consommation.

Elles ne sont plus acceptables. Elles ne fonctionnent plus. Elles sont périlleuses. Elles sont arrivées au bout d'elles-mêmes.

Exprimer doutes et inquiétude dans un groupe, se former, réfléchir collectivement, enfin mettre en place des actions ponctuelles, inventer des solutions là où l'on est, c'est cesser d'attendre dans l'angoisse et créer une nouvelle voie. C'est aussi se réparer soi-même.

Aujourd'hui, au seuil d'une transition monumentale, nous n'avons que le temps du courage qui est celui de regarder les choses en face, et le temps de notre action immédiate sur notre vie. Liés les uns aux autres, dans l'espace et dans le temps, liés à tous les phénomènes de la nature, nous sommes chacun une semence d'espoir. Plantons-la et aidons-la à germer et croître.

Petite histoire géologique et climatique de la Terre

Pour mieux comprendre les enjeux du réchauffement climatique, il est nécessaire d'avoir un aperçu très schématique de l'histoire géologique et climatique sur Terre. Si son histoire était résumée en 24 heures et que la Terre se formait à minuit...

Dans la première heure de l'existence de la Terre, la planète était une boule chaude faite de roches et de métal en fusion.

Pendant les heures qui ont suivi, l'atmosphère était principalement composée de gaz volcaniques, tels que la vapeur d'eau, le dioxyde de carbone et le méthane. Il n'y avait pas d'oxygène.

Les premières traces de vie unicellulaire semblent apparaître autour de 4 heures du matin peu après la formation des anciens océans. À 5 h 30 du matin, la photosynthèse commence.

Les plus vieux fossiles retrouvés sur Terre apparaissent autour de 6 heures du matin, essentiellement des microbes et bactéries. Les premiers continents se forment.

18 heures marque le point de départ de la reproduction sexuée des êtres vivants.

Enfin, les premières plantes terrestres voient le jour vers 21 h 52 et sont suivies par les dinosaures qui parcourront la planète de 22 h 56 à 23 h 39. Après leur disparition, les mammifères continuent à se développer. Sur cette dernière demi-heure, le climat sur Terre a connu des changements importants, passant de conditions chaudes et humides à des conditions plus fraîches et plus sèches. Changements causés par des facteurs naturels tels que la tectonique des plaques, les variations de composition en gaz de l'atmosphère, puis les variations régulières des paramètres orbitaux de la Terre qui impactent la quantité de soleil que l'on reçoit.

Les tout premiers humains « homo » arrivent vers 23 h 58 et 43 secondes. Et *Homo sapiens sapiens* à la toute dernière seconde. En trois millièmes de seconde, notre civilisation est parvenue à dramatiquement changer le climat de notre planète à coups de combustions exponentielles d'énergies fossiles, avec des conséquences majeures sur nos océans, nos terres et notre atmosphère.

Nous avons tout bouleversé en si peu de temps.

Lexique

Banquise ou glace de mer : glace formée par la congélation d'eau de mer, présente de façon permanente sur l'océan Glacial arctique et essentiellement en hiver sur l'océan Austral autour de l'Antarctique. Elle dérive au gré des vents et des courants sur les océans, sa superficie et son épaisseur augmentent en hiver et diminuent en été.

Barrière de glace : prolongement sur la mer d'un glacier.

Empreinte carbone : ensemble des émissions des gaz à effet de serre produites par un individu, une entreprise, un pays. En France, en 2020, elle était estimée à 8,2 tonnes par habitant, ce qui reste largement au-delà des engagements du traité de Paris.

Holocène : époque géologique qui suit le Pléistocène et comprend les 11 700 dernières années.

Moraines : amas de pierres de toutes tailles déposées naturellement par l'écoulement du glacier. Les moraines sont très utiles pour reconstruire et dater l'étendue passée des glaciers. Elles sont aussi capables de bloquer l'écoulement de ses eaux de fonte.

Permafrost (appelé pergélisol en français) : sol ou roche qui reste gelé pendant au moins deux ans consécutifs. Il recouvre 25 % de la superficie de l'hémisphère Nord, parfois sur plusieurs centaines de mètres de profondeur. Désormais, sous l'influence de la hausse des températures, le permafrost dégèle. Ce dégel rapide a d'ores et déjà des conséquences mesurables, visibles, profondes. Il déstabilise nos hautes montagnes à coups d'écroulements, d'éboulements tout en relâchant de gigantesques quantités de gaz à effet de serre. Enfin, le dégel peut faire remonter à la surface bactéries, microbes et virus enterrés et congelés depuis des dizaines de milliers d'années.

Pléistocène : époque géologique qui s'étend de - 2,58 millions d'années à - 11 700 ans. Le Pléistocène a été marqué par plusieurs grandes glaciations qui recouvraient près d'un tiers de notre planète.

Résilience : la résilience d'une commune désigne sa capacité à faire face aux perturbations ou aux crises, telles que les inondations, les tempêtes, les sécheresses, les incendies de forêt, les pandémies, les déplacements de population, les changements climatiques, etc. Elle permet à une communauté de se remettre rapidement d'un événement déstabilisant et de reprendre ses activités normales.

Vêlage : un glacier « vêle » un iceberg, c'est-à-dire qu'une partie de sa masse se détache, se disloque et tombe dans la mer. Comme la glace est moins dense que l'eau, l'iceberg ne sombre pas, mais flotte et dérive.

Via ferrata : voie d'escalade protégée et équipée de câbles, marches, ponts de singe, etc.

Remerciements

À ma famille qui m'a transmis le plus beau cadeau, l'amour de la montagne.

À Yann et Nina, ma famille d'aventure.

À Henri Rougier et Luc Moreau, sans qui la glaciologie ne serait restée qu'un rêve.

À Hubert Cretton qui, le temps d'une Haute Route, a changé ma vie.

À mes incroyables compagnons d'expédition, merci pour votre confiance.

Et enfin, aux gardiennes et gardiens des glaciers, de la Colombie au Népal en passant par le Svalbard, ce livre est pour vous.

Table des matières

Prologue 7

1. Découvertes 13

2. Trouver sa voie 21

3. Apprendre 27

4. Au Svalbard 35

5. Expériences fondatrices 49

6. La calotte polaire : Groenland 59

7. Revenir au Svalbard 69

8. La glace fond 77

9. Comment l'on devient docteur 81

10. Le voyage de ma vie 91

11. Le Larsen C 99

12. À la croisée des chemins 107

13. Cumbres Blancas 121

14. Comment le dire ? 127

15. Climate Sentinels 137

16. Un petit tour à la COP 145

17. Et l'avenir, Heîdi ? 153

Épilogue 171

Petite histoire géologique et climatique de la Terre 175

Lexique 177

Remerciements 179

Composé et édité par HarperCollins France.

Achevé d'imprimer en mars 2023.

FIRMIN-DIDOT

à Mesnil-sur-l'Estrée (Eure)

Dépôt légal : avril 2023.

Pour limiter l'empreinte environnementale de ses livres, HarperCollins France s'engage à n'utiliser que du papier fabriqué à partir de bois provenant de forêts gérées durablement et de manière responsable.

Imprimé en France